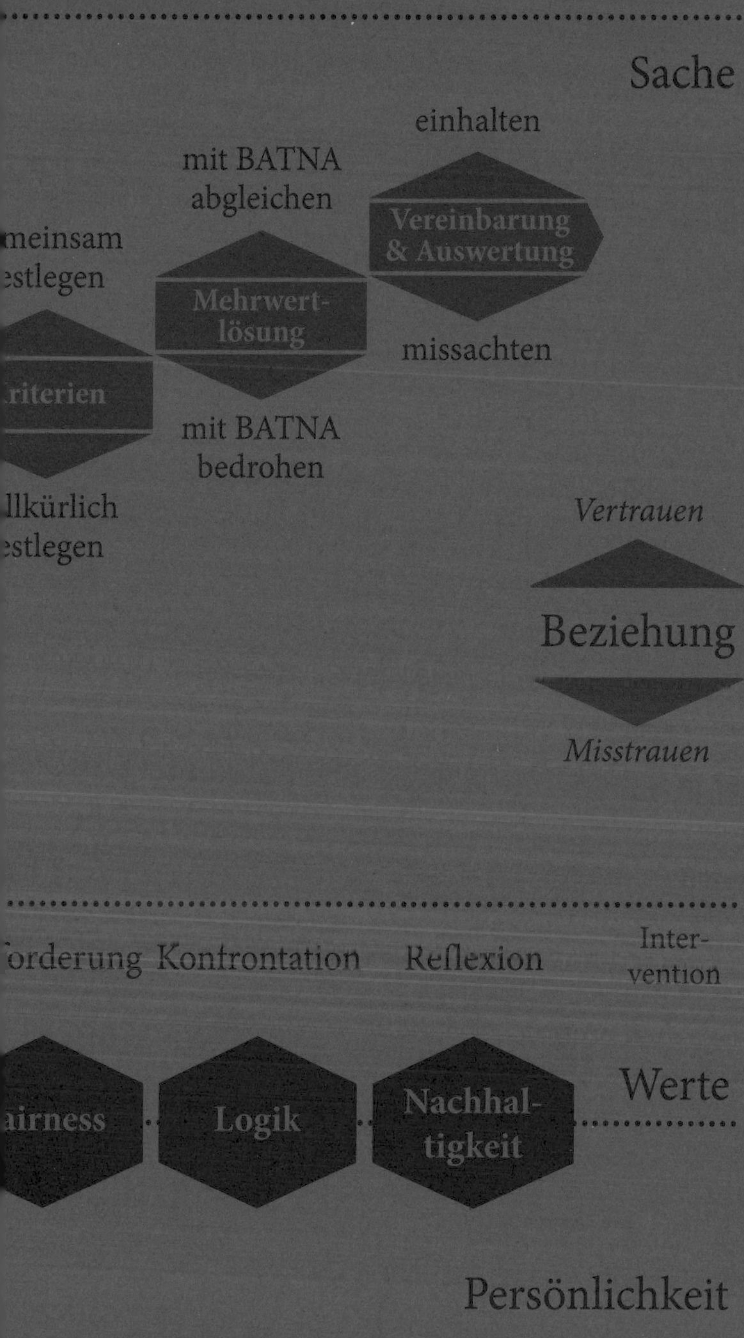
Sache
einhalten
mit BATNA abgleichen
Vereinbarung & Auswertung
meinsam
estlegen
Mehrwert-lösung
missachten
riterien
mit BATNA bedrohen
llkürlich
estlegen
Vertrauen
Beziehung
Misstrauen
orderung
Konfrontation
Reflexion
Inter-vention
Werte
airness
Logik
Nachhal-tigkeit
Persönlichkeit

VERSUS

Michael Bullinger

Integrität ist nicht verhandelbar.

Das Zürcher Verhandlungsmodell

Versus · Zürich

Zürcher Verhandlungsmodell® ist eine sowohl in der Schweiz als auch in Deutschland eingetragene Marke von Bullinger – Institut für Verhandlungsprozesse Zürich.

Bibliografische Information der Deutschen Nationalbibliothek

Die Deutsche Nationalbibliothek verzeichnet diese Publikation in der Deutschen Nationalbibliografie; detaillierte bibliografische Daten sind im Internet über http://dnb.dnb.de abrufbar.

Umschlaggestaltung: Cornelia Mayer
Satz und Herstellung: Versus Verlag · Zürich
Druck: Beltz Grafische Betriebe GmbH · Bad Langensalza
Printed in Germany

ISBN 978-3-03909-350-2

Inhalt

Prolog

02. Oktober 2001/14:00 UTC

Die Linienmaschine der Swissair hat bereits ihre Reiseflughöhe erreicht und befindet sich auf dem Weg von Taipeh in Richtung Bangkok, mitten über dem Südchinesischen Meer. Die beiden Piloten haben die Beleuchtung im Cockpit auf ein Minimum reduziert, um die von Blitzen erleuchteten Gewitterwolken nicht nur über den Wetterradar, sondern am dunklen Nachthimmel auch auf Sicht auszumachen und ihnen auszuweichen.

Schon vor dem Start in Taipeh haben die beiden erfahren, dass der Stationsleiter die Betankung «cash» bezahlen musste. Damit ist klar: Der Swissair wurde quasi über Nacht die Kreditwürdigkeit entzogen. Die Antwort auf die kurz nach dem Start über den Bordcomputer gestellte Anfrage an die Einsatzleitstelle in Zürich, was das zu bedeuten habe, steht in diesem Moment noch aus. Das wird sich jedoch bald ändern. Nach einer knappen Stunde Flugzeit entnehmen die Piloten dem Bordcomputer folgende Mitteilung: «wir bedauern euch mitzuteilen, dass die sr nicht mehr in der lage ist ihre fluege durchzufuehren – upon arrival zrh/gva werden die flugzeuge grounded».

Die beiden Piloten sind zutiefst erschüttert. Es ist etwas eingetroffen, das bis zu diesem Zeitpunkt schlicht unmöglich schien. Eine der besten Airlines der Welt meldet Konkurs an und muss ihren Flugbetrieb einstellen. Was heißt das nun für sie und all die anderen Angestellten der Swissair?

Einer dieser beiden Linienpiloten war ich. Die Nachricht zum «Grounding», die ich damals dem Bordcomputer entnahm, veränderte mein Weltbild nachhaltig: Mir wurde klar, dass hier sehr viel schiefgelaufen sein musste, sprich: Dass einige zentrale Verhandlungen – etwa mit Banken und sonstigen Geldgebern – missglückt waren. Und das mit gigantischen Folgen für alle Betroffenen.

Die Swissair hatte aufgrund ihrer hohen Geldreserven und ihrer gesunden Kapitalstruktur wenige Jahre zuvor noch als «fliegende Bank» gegolten. Sie war für die meisten Schweizer über Jahrzehnte der Inbegriff der Heimat, Beständigkeit, Tradition, Qualität und Zuverlässigkeit. Es gab in der Schweiz kaum eine Person, die nicht stolz auf «ihre» Airline war und sich nicht mit ihr identifizierte.

Mit dem «Grounding» der Swissair wurde nicht nur eine Fluggesellschaft, sondern es wurden auch nationale Werte zerstört. Es war ein Schock für die ganze Schweiz.* Wie konnte das geschehen? Wie konnten die Verantwortlichen – das Management, die Banken, die Regierung – eine solche Wertevernichtung zulassen, im ökonomischen wie im ideellen Sinne? Warum wurde keine Bundesgarantie gewährleistet? Weshalb scheiterten die Verhandlungen mit den Banken? Warum konnte der Bundesrat mit den Banken nicht doch noch rechtzeitig einen Notkredit vereinbaren? Entsetzen und Misstrauen machte sich in der Bevölkerung breit. Die Vertrauenswürdigkeit und Integrität der Verantwortlichen wurden in Frage gestellt und breit diskutiert. Das Grounding der Swissair zog einen massiven Vertrauensverlust der Bevölkerung nach sich.

Beim näheren Hinsehen wurde deutlich, dass die Gründe auch im Scheitern oder Ausbleiben von existenziell bedeutsamen Verhandlungen lagen. Bei der Nachanalyse zeigte sich, dass an mehreren Stellen im gesamten Prozess schlecht oder gar nicht verhandelt worden war. Bereits im Vorfeld hatte man sich bei den Verhandlungen mit Partnerairlines auf «Knebelverträge»[1] eingelassen, aus denen man sich nur mit einem hohen Lösegeld freikaufen konnte, was der später dringend benötigten Liquidität zum Verhängnis wurde. Das «Grounding» der nationalen Fluggesellschaft ließ mich unmittelbar die verheerenden Folgen erfahren, die schlecht geführte Verhandlungen mit sich bringen können.

---

* Dies mag für Aussenstehende nur schwer nachvollziehbar sein, aber die Swissair war damals *das* Vorzeigeunternehmen der Schweiz und privatwirtschaftlich konstituiert; fast zwei Drittel der Aktien waren in den Händen von Privatpersonen und Institutionen. Die Swissair «gehörte» den Schweizerinnen und Schweizern, nicht nur finanziell, sondern auch emotional. Sie verkörperte mit hohem Qualitätsanspruch die Verbindung zur weiten Welt für diesen kleinen Staat, der ansonsten inmitten der grossen europäischen Player oft nur eine untergeordnete Rolle spielte. Der Konkurs war ein tiefgreifender Einschnitt in das nationale Selbstverständnis und ging einher mit immensen Folgen für Tausende von Angestellten, Zulieferfirmen, Aktionäre, Gläubiger und die Wirtschaft ganz allgemein.

Einleitung

Meinen ersten vertieften Kontakt mit dem Thema Verhandeln hatte ich Mitte der 1990er-Jahre. Ich war damals Mitglied des aus fünf Piloten bestehenden Chefpilotenteams der «McDonnell Douglas MD-80»-Flotte. Wir waren verantwortlich für den Betrieb der 26 Flugzeuge und direkte Linienvorgesetzte von circa 370 Piloten. In dieser Funktion musste ich viele Verhandlungen führen – mit Verantwortlichen an internen Schnittstellen, mit Gewerkschaften, mit externen Partnern und behördlichen Instanzen. Mitte der 1990er-Jahre kam es im Rahmen von Tarifverträgen zu einem heftigen Arbeitskonflikt zwischen der Cockpitgewerkschaft Aeropers und dem Swissair-Management. Da sich beide Seiten gerüstet und Kampfmaßnahmen vorbereitet hatten, war damit zu rechnen, dass der Konflikt eskalieren könnte. Ich selber saß in dieser äußerst angespannten Situation zwischen Stuhl und Bank, da ich als Mitglied des Chefpiloten-Teams einerseits Teil des Managements war, gleichzeitig aber als Linienpilot und Mitglied der Aeropers zur Gewerkschaft gehörte. Dieses Spannungsfeld wurde jedoch aufgelöst, indem die beiden Konfliktparteien sich dazu entschieden, einen Vermittler beizuziehen, der mit dem Win-Win-orientierten «Harvard-Verhandlungskonzept» arbeitete. Durch ihn entstand eine Brücke zwischen beiden Seiten und es konnte eine Lösung verhandelt werden, die für beide Seiten tragbar war.

Ich lernte den Vermittler persönlich kennen und war damals fasziniert von der Vorstellung, dass man in Verhandlungen bewusst Einfluss auf die damit einhergehenden Konfliktfelder und den Lösungsprozess nehmen kann, um so Win-Win-Situationen herbeizuführen. Diese Zielsetzung entsprach einer frühen Prägung durch meinen Vater. Als Inhaber eines KMU war sein Leitsatz: «Ein gutes Geschäft ist nur dann ein gutes Geschäft, wenn beide zufrieden sind.»

In der Folge begann ich, mich nebenberuflich zu den Themen Mediation und Verhandeln weiterzubilden und merkte dabei rasch, dass sich mir eine Welt eröffnete, die mich mindestens ebenso anzog wie die Fliegerei. 2002 verließ ich die Swiss Air Lines zunächst temporär im Rahmen einer dreijährigen Auszeit und 2005 dann endgültig, um mich hauptberuflich den Themen **Verhandeln, Mediation** und **Konfliktlösung** zu widmen.

Die ersten zehn Jahre arbeitete ich mit dem «Harvard-Verhandlungskonzept», wobei ich einige tausend Verhandlungsprofis beriet und trainierte und als Mediator unzählige, zumeist anspruchsvolle Konfliktfälle begleitete. Im Rahmen meiner Tätigkeit hatte ich auch die Gelegenheit, an der Harvard Law School mit Roger Fisher und Bruce Patton – zwei der drei Autoren des Buchs «Das Harvard-Konzept»[2] – zusammenzuarbeiten und dort zusammen mit weiteren Verhandlungsspezialisten wie Dan Shapiro Trainings zu leiten. Den in Harvard entwickelten Verhandlungsansatz, der den Fokus gleichermaßen auf die Sach- und die Beziehungsebene legt, kenne ich sowohl aus der theoretischen Beschäftigung als auch aus der praktischen Anwendung sehr gut.

Neben den großen Vorteilen, die das Modell unbestrittenermaßen bietet, tauchten bei mir über die Jahre aber auch gewisse Fragezeichen auf. Im Laufe meiner intensiven Beschäftigung mit dem Harvard-Konzept wurde ich immer wieder mit Verhandlungs- und Konfliktsituationen konfrontiert, in denen die Berücksichtigung der Sach- und Beziehungsebene zu kurz griff und deshalb keine Einigung erzielt werden konnte. Insbesondere für ungleiche Machtverhältnisse fehlte mir ein erweiterter Werkzeugkasten, um gleiche Augenhöhe zu schaffen und damit realistische Aussichten auf echte Win-Win-Lösungen herstellen zu können.

Das Scheitern einer – nach den Prinzipien des Harvard-Konzepts geführten – Verhandlung, bei der es um die Nachfolgeregelung einer Firma ging, die ich hätte übernehmen sollen, bewog mich schließlich, der Frage nachzugehen, was gefehlt hätte, um die Verhandlung für alle Beteiligten erfolgreich zu führen und abzuschließen. Ich vertiefte mich in das Thema, indem ich Workshops organisierte, Gespräche führte, vergangene Verhandlungen analysierte und das Ereignis persönlich reflektierte. So gewann ich allmählich Erkenntnisse, die vor allem die Persönlichkeit und zugehörige Wertvorstellungen betrafen. Mir wurde klar, dass es oft Wertekonflikte sind, die Verhandlungen unterschwellig blockieren.

Vor diesem Hintergrund gründete ich 2013 das Institut für Verhandlungsprozesse Zürich und entwickelte im gleichen Jahr das «Zürcher Verhandlungsmodell». In diesem Modell erweiterte ich die Sach- und Beziehungsebene aus dem Harvard-Konzept um die Dimensionen **Werte** und **Persönlichkeit.** Erst die

Zusammenschau dieser vier Dimensionen ermöglicht es, der komplexen Dynamik, die einem Konflikt oft zugrunde liegt, gerecht zu werden. Sie bildet den Schlüssel zu einer erfolgreichen und nachhaltigen Verhandlungslösung.

Dieser umfassende, integrative Ansatz bringt eine Voraussetzung ans Licht, ohne die kein wirkliches Win-Win-Verhandeln möglich ist. Es ist die Wahrung der persönlichen Integrität, die gewährleistet, dass sich die Beteiligten einer Verhandlung wirklich ernst genommen fühlen und auf Augenhöhe miteinander arbeiten können. Dies gelingt dann, wenn Werte geteilt werden. Ohne geteilte Werte entsteht kein Vertrauen und ohne gegenseitiges Vertrauen keine funktionierende Arbeitsbeziehung – und diese wiederum ist die entscheidende Voraussetzung für eine gute Sachlösung zum Vorteil beider Seiten.

In diesem Sinne versteht sich der Leitsatz des Zürcher Verhandlungsmodells:

Integrität ist nicht verhandelbar – alles andere dagegen schon.

Inzwischen arbeite ich seit über 20 Jahren als Verhandlungstrainer, Verhandlungsberater und Mediator – und immer wieder höre ich mich sagen: «Die eigene Verhandlungskompetenz zu erweitern, ist ein lebenslanger Lernprozess, und wer sich mit dem Verhandeln beschäftigt, kommt nicht umhin, sich auch mit sich selbst zu beschäftigen». Was meine ich damit?

Eine der ersten Herausforderungen bei Verhandlungen besteht darin, sich bewusst zu machen, mit welcher Einstellung man in eine Verhandlung gehen möchte. Sehe ich eine Verhandlung als etwas an, bei dem es ums Gewinnen geht? Oder ums Verlieren? Habe ich Angst, dass man mir etwas wegnehmen will? Muss ich schneller, schlauer oder schlagfertiger sein als die andere Seite? Muss ich vielleicht sogar skrupelloser sein, um meine eigenen Ziele zu erreichen? Oder gehe ich eine Verhandlung mit der Haltung an, es gehe darum, eine für alle Beteiligten sinnvolle und nachhaltige Lösung zu erarbeiten? Sehe ich eine Verhandlung als Chance, gemeinsam mit meinem Gegenüber einen Mehrwert zu erarbeiten und die Beziehung zu stärken, weil wir uns auch morgen noch in die Augen blicken wollen?

Unsere persönliche Antwort auf diese Fragen wirkt sich direkt auf die Dynamik und das Ergebnis der Verhandlung aus. Mit einer achtsamen, wertschätzenden Grundhaltung den Beteiligten und dem Verhandlungsprozess gegenüber haben wir eine positive Ausstrahlung und legen damit den Grundstein für den Vertrauensaufbau. Die Möglichkeit, dass auch unser Gegenüber diese Grundhaltung übernimmt, ist dadurch vorgespurt. Denn auch hier gilt: «So, wie ich in den Wald rufe, tönt es zurück». Im Laufe meines bisherigen Lebens als Verhandler habe ich immer wieder erlebt, dass eine positive Einstellung gegenüber unerwarteten Hindernissen enorm hilft, diese erfolgreich zu überwinden.

Bei den Hindernissen auf der Suche nach Lösungen geht es in den meisten Fällen viel weniger um die Sache an sich als um die persönliche Haltung der Beteiligten, die einer erfolgreichen Verhandlung im Wege steht.

Die Auswirkungen einer Verhandlung erleben wir auf allen Ebenen gesellschaftlichen Zusammenlebens: ökonomisch, politisch, sozial, privat. Überall, wo Entscheidungen gefällt werden, die nicht nur einen selber, sondern auch andere betreffen, sind unterschiedliche, manchmal maximal divergierende Meinungen und Positionen im Spiel. Je unterschiedlicher diese sind, desto stärker fixieren sich die Beteiligten auf die eigene Position und nehmen nicht wahr, welche hinter einer Position liegenden Interessen und Bedürfnisse dabei wirksam sind – weder beim anderen noch bei uns selbst. Es ist so, wie wenn wir uns in den Kopf gesetzt haben, auf einen Baum zu klettern, auch wenn seine Äste morsch sind – dabei geht es uns eigentlich darum, eine schöne Aussicht zu genießen. Wir erreichen dieses Ziel nicht, da wir als Weg dorthin nur an diesen einen Baum denken. Und dabei übersehen, dass sich gleich daneben ein Baum mit gesunden Ästen und, etwas weiter weg, sogar ein Aussichtsturm befindet.

Konflikte, Probleme und Auseinandersetzungen fangen meistens klein an. Sie können sich jedoch – falls sie nicht früh genug wahrgenommen und konstruktiv angegangen werden – zu unlösbaren Konflikten, zum Zerbrechen von Wertegemeinschaften, ja zu Kriegen entwickeln: Ressentiments, Rachegelüste, Vergeltungsabsichten, rücksichtslose Bereicherung können dann die Folgen sein. Auch wenn so vielleicht kurzfristig ein Gewinn erzielt werden kann, ist dieser in der Regel nicht nachhaltig. Die Seite, die verliert, wird sich bei der nächsten Gelegenheit den Verlust zurückzuholen und/oder auf Rache sinnen und versuchen, der anderen Seite zu schaden. Dies führt mittelfristig zu Situationen, in denen alle verlieren.

Es gilt also: Früh Konflikte angehen mit einer Methode, die der Komplexität menschlicher Verhaltensgrundlagen möglichst gerecht wird. Hier ist die Frage nach den persönlichen Werten und der entsprechenden Integrität zentral. Wenn wir sie als Leitfaden unserer Verhandlungen verwenden, schaffen wir die wichtigste Grundlage für ein auch in der Sache erfolgreiches Ergebnis.

Dieses Buch zeigt einen Weg auf, wie wir die Sieger-Verlierer-Dynamik aufbrechen und Verhandlungen nicht nur vordergründig, sondern nachhaltig für beide Seiten erfolgreich durchführen können. Es soll einen Beitrag leisten, den Verhandlungsprozess verständlicher zu machen, und Wege aufzeigen, wie er optimal gestaltet werden kann, sodass Lösungen zustande kommen, die für alle

Parteien einen echten Mehrwert darstellen. In diesem Sinn präsentiere ich bestehendes Wissen, das ich mit meinen eigenen Erfahrungen und Erkenntnissen verknüpfe. Ich möchte Ihnen ein Werkzeug an die Hand geben, mit dem Sie das, was in einer Verhandlung geschieht, einordnen, steuern, reflektieren und bis zu einem gewissen Grad voraussagen können. Das Zürcher Verhandlungsmodell ermöglicht es Ihnen, Verhandlungen systematisch vorzubereiten und durchzuführen, aber auch im Nachgang kritisch zu reflektieren.

So wie in der Luftfahrt der Flugplan dem Cockpit die optimalen Parameter für die Route von A nach B vorgibt, dient das Zürcher Verhandlungsmodell in Verhandlungen als «Flugplan»: als roter Faden, dem es zu folgen gilt. Die Flugroute kann oder muss in bestimmten Situationen verlassen werden – beispielsweise, wenn unerwartet ein Gewitter aufzieht. Sobald es die Umstände erlauben, ist es aber ratsam, wieder auf die ursprüngliche Route zurückzukehren. Daher dient das Zürcher Verhandlungsmodell auch als «Flugplan», der mich auf einer idealen Route in Richtung Verhandlungsziel navigiert. Die Orientierung an der Integrität dient in diesem Sinne als Blick auf den «Kompass» auf meiner Reise durch die Verhandlung.

Beim Zürcher Verhandlungsmodell handelt es sich um ein Stufenmodell, in dem die in Verhandlungen wirkenden Mechanismen und Prinzipien so miteinander verknüpft sind, dass sie eine strukturierte und zielgerichtete Vorgehensweise ermöglichen. Das Modell zeigt auf, welche Verhaltensweisen förderlich und damit vertrauensbildend sind; gleichzeitig fördert es die Beziehung belastende Verhaltensweisen zutage. Das systematische, umfassende und ganzheitliche Zürcher Verhandlungsmodell kann in jeder Verhandlung eingesetzt werden. Speziell eignet es sich für anspruchsvolle Verhandlungen – solche, die von unausgewogenen Machtverhältnissen respektive von ungleicher Augenhöhe geprägt sind.

Das Zürcher Verhandlungsmodell ist unabhängig vom Gegenüber und vom Inhalt der Verhandlung anwendbar. Vorrangig richtet es sich an diejenigen, die regelmäßig im Beruf verhandeln (müssen), sei es mit Kunden und Kundinnen, Lieferantinnen und Lieferanten, Mitarbeitenden, Vorgesetzten, Tarifpartnern, Teammitgliedern etc. Genauso gut kann es aber auch im privaten Bereich eingesetzt werden, sei es bei Familienangelegenheiten, im Vereinswesen oder in der Politik. Überall, wo Verhandlungsergebnisse für den Erfolg entscheidend sind, lassen sich mit dem Zürcher Verhandlungsmodell die besseren und vor allem nachhaltigeren Lösungen erzielen.

Der Aufbau der eigenen Verhandlungskompetenz ist ein lebenslanger Lernprozess. Immer wieder erinnere ich mich an eine Begebenheit im Rahmen meiner Tätigkeit als Teaching Assistant am Harvard Negotiation Project (HNP) der Harvard Law School. Ich saß zusammen mit sieben anderen Teaching Assistants beim Lunch, als Professor Roger Fisher zu uns stieß und sich auf den freien Platz neben mir setzte. Er packte sein Mittagessen aus, stupste mich an der Schulter an und fragte: «Hey, Michael, what did you learn today?» Professor Roger Fisher – er war damals bereits 85 Jahre alt – hat mit dieser Frage meine Überzeugung bestärkt, dass man im Leben nie ausgelernt hat.

Verhandeln ist ein Prozess. Der Aufbau von Verhandlungskompetenz genauso.

Mit diesem Buch hoffe ich, Ihren persönlichen Lernprozess zu unterstützen und Ihre Verhandlungskompetenz nachhaltig zu stärken. Ich wünsche Ihnen bei der Lektüre dieses Buches viel Freude und allzeit gute Verhandlungserfolge.

Teil I
Grundlagen

1

Merkmale des Verhandelns

Kürzlich sagte ein Seminarteilnehmer zu mir: «Michael, ich habe da eine knifflige Situation zu lösen, aber ich bin mir nicht sicher, ob es eine Verhandlung ist.» Ich antwortete: «Wenn du dir nicht sicher bist, ob du dich in einer Verhandlung befindest, dann kannst du davon ausgehen, dass es so ist.»

Verhandlungen folgen wiederkehrenden Mustern, und wer diese Muster kennt und anzuwenden weiß, kann Verhandlungen mit einer bewussten und systematischen Vorgehensweise entscheidend beeinflussen. Geschicktes und erfolgreiches Verhandeln ist erlernbar. Wer nicht nur intuitiv und basierend auf Talent und Erfahrung, sondern rational und systematisch verhandeln will, muss sich daher spezifisches Wissen und Strategien aneignen und sich einen Werkzeugkasten zusammenstellen, mit dem sich die Strategien im Alltag praxisgerecht umsetzen lassen.

In diesem ersten Teil des Buches werden grundlegende Begriffe und Modelle vorgestellt, welche die Verhandlungsführung in den vergangenen Jahrzehnten weitergebracht und als Inspiration für das Zürcher Verhandlungsmodell gedient haben. Das hilft zum einen, das Zürcher Verhandlungsmodell, das im zweiten Teil dieses Buches im Zentrum steht, besser zu verstehen. Zum anderen lassen sich die zusätzlichen Handlungsmöglichkeiten und Formen der Intervention, die dieses Modell bereitstellt, in einem größeren Kontext verorten.

Wie erkennen wir, dass wir uns in einer Verhandlungssituation befinden? Was macht eine Verhandlungssituation aus? Lässt sich «Verhandeln» überhaupt definieren? Und was hat «Überzeugen» mit Verhandeln zu tun?

Der Begriff des **Verhandelns** ist in der Literatur nicht einheitlich definiert. Es lassen sich aber doch gewisse Merkmale festmachen, die Verhandlungen in aller Regel aufweisen.

Der schweizerisch-amerikanische Politikwissenschaftler Fred Charles Iklé (1924–2011) bezeichnet **Kooperation** und **Konflikt** als die beiden wesentlichen Merkmale, die Verhandlungen kennzeichnen. Ohne gemeinsame Interessen und ohne Vorliegen eines Konflikts gibt es keine Verhandlung: «Without common interest, there is nothing to negotiate for; without conflict there is nothing to negotiate about».[3] Während also gemeinsame Interessen Verhandlungsparteien an den Tisch bringen, definiert der Konflikt einen Verhandlungsgegenstand. Wie wir später sehen werden, können durch kooperatives Verhalten die divergierenden Interessen so ausgeglichen und zusammengeführt werden, dass beide Seiten Vorteile – insbesondere auch Kooperationsgewinne – für sich verbuchen können.

Die beiden Betriebswirtschafter Markus Voeth und Uta Herbst nennen die folgenden fünf allgemeinen Charakteristika:

1. **Multipersonalität/Multiorganisationalität:** Verhandlungen sind Entscheidungsfindungsprozesse zwischen mindestens zwei Verhandlungsparteien, die auch Vertretende von Organisationen oder Interessengruppen sein können.

2. **Zielkongruenz:** Die Parteien zeigen eine grundsätzliche Bereitschaft zu einer Einigung. Sie stehen in gegenseitiger Abhängigkeit und stimmen in übergeordneten Verhandlungszielen überein.

3. **Präferenzkonflikt:** Die Parteien sind sich in bestimmten Aspekten uneinig oder stehen miteinander in Konflikt, da sie voneinander abweichende Verhandlungspräferenzen (Interessen) aufweisen.

4. **Einigungsraum:** Die Parteien erkennen an, dass durch die Verhandlung eine bessere Lösung erzielt werden kann als bei Verzicht auf den Einigungsprozess.

5. **Interaktionsprozess:** Die Einigung ist das Resultat eines sozialen Austauschprozesses, in dem die Verhandlungspartner versuchen, ihre jeweiligen Verhandlungspräferenzen (Interessen) durchzusetzen.[4]

In einer ersten Annäherung lässt sich somit sagen:

> *Verhandeln ist ein strukturierter kommunikativer Prozess, in dem zwei oder mehrere (voneinander abhängige) Parteien mit gemeinsamen Verhandlungszielen und unterschiedlichen Präferenzen ihre Interessen so ausgleichen, dass eine Einigung erzielt wird, die verglichen mit der aktuellen Situation einen erkennbaren Vorteil darstellt.*

Diese Merkmale geben uns einen ersten Orientierungsrahmen, wobei wir später sehen werden, dass die Merkmale einer Verhandlung noch differenzierter beschrieben werden können, indem zusätzlich zu den Verhandlungszielen und den Interessen auch die Werte und die Persönlichkeiten einbezogen werden (siehe die Definition in Abschnitt 6.3).

Oft wird **Überzeugen** als Mittel der Wahl zur Zielerreichung in Verhandlungen eingesetzt. Beim Überzeugen handelt es sich um den Versuch, das Gegenüber mit Argumenten gedanklich so zu beeinflussen, dass es seine Meinung ändert und somit etwas anders tut als von sich aus geplant. Ebenfalls könnte eine überzeugte Person ganz auf ihr Vorhaben verzichten. In beiden Fällen leistet die Einfluss nehmende Seite **inhaltlich keinen Beitrag** zur Lösung, das heißt, dass gemäß den oben genannten Merkmalen keine wirkliche Verhandlung stattfindet.

Ergebnisse wirksamen Überzeugens sind gemäß dem deutschen Psychologen Marco Behrmann «veränderte kognitive oder emotionale Sichtweisen oder Bewertungen eines Sachverhalts, die letztendlich Einfluss auf das künftige Verhalten haben».[5] Laut Behrmann ist das Überzeugen von Gesprächspartnern auf der Basis von Argumenten «gegenseitiges Ziel im Verhandeln».[6] Der Schweizer Psychologe und Soziologe Urs Alter schreibt in diesem Zusammenhang: «Wirkungsvolles Überzeugen in Verhandlungen beginnt deshalb nicht mit der Darstellung einer Position (Forderung, Lösung, Standpunkt) und der argumentativen Begründung. Es beginnt mit der Klärung der Problemsituation und der damit verbundenen Interessen und Bedürfnisse. Überzeugen beginnt also mit Informieren und Fragen und nicht mit Argumentieren!»[7]

Wenn also Akteure versuchen, sich in einer Verhandlung gegenseitig mit rationalen, emotionalen und moralisch-ethischen Argumenten zu überzeugen und die andere Seite dazu zu bringen, ihre bisherige Meinung zu ändern, besteht die Gefahr, dass eine Partei einer Lösung zustimmt, ohne dass diese wirklich stimmig ist, oder dass sie sich später übervorteilt fühlt. Solche «Einigungen» schaffen keinen Mehrwert, sind selten nachhaltig und können die Beziehung der Beteiligten nachhaltig belasten.

2 Anwendungsbereiche des Verhandelns

Verhandeln ist in seiner praktischen Anwendung ein Instrument der gemeinsamen Entscheidungsfindung oder Konfliktlösung, bei dem die Parteien eigenständig oder unter Beizug einer vermittelnden Person in konstruktiver Art und Weise nach einer Lösung streben.

Wenn wir ans Thema Verhandeln denken, kommen uns meistens Begriffe wie Vertragsverhandlungen, Preisverhandlungen, Übernahmeverhandlungen, bilaterale Verhandlungen oder Friedensverhandlungen in den Sinn. Also Verhandlungen, die im wirtschaftlichen oder politischen Umfeld anzusiedeln sind.

Dass wir auch in unserem beruflichen und privaten Alltag praktisch ununterbrochen am Verhandeln sind, ist uns vielfach nicht bewusst. Sei es unternehmensintern mit Kolleginnen und Kollegen, wenn es um die Terminfindung oder die Inhalte für eine gemeinsame Sitzung geht, in der Geschäftsleitung zu Fragen der Firmenausrichtung oder der Aufnahme von neuen Produkten, in Projektteams zu Abstimmungen der nächsten Schritte oder im privaten Bereich innerhalb der Familie zur Frage, wohin es in den nächsten Ferien gehen soll.

2.1 Verhandeln in Beruf und Alltag

Unser Alltag ist sowohl beruflich als auch privat von unzähligen Verhandlungssituationen geprägt, die wir häufig gar nicht als solche wahrnehmen. Wir nennen solche Situationen «Aussprache», «Besprechung», «Meeting», «Diskussion»,

«Erörterung» oder «Unterredung». Oft nehmen wir sie erst als Verhandlungen wahr, wenn es zu spät ist, das heißt, wenn wir sie als gescheitert betrachten müssen oder uns mit einem für uns nachteiligen Ergebnis konfrontiert sehen. Dies ist dann der Fall, wenn es uns nicht gelingt, konkrete Probleme zu lösen, Konflikte zu überwinden oder unsere Ziele zu erreichen. Verhandlungsprofis sind geschult, Verhandlungssituationen als solche zu erkennen und Lösungsräume zu schaffen, damit sie Verhandlungen zielgerichtet und strukturiert zu einer Einigung führen können.

In unseren Alltagsverhandlungen sind wir dabei meist auf uns selbst gestellt. Das heißt, dass wir **gleichzeitig** unsere inhaltlichen Interessen vertreten, die Beziehung zum Gegenüber gestalten und dabei auch noch den Prozess der Verhandlung steuern müssen. Das ist eine Aufgabe, die nicht unterschätzt werden sollte und in der ich Sie mit diesem Buch unterstützen möchte.

Sollten Sie sich aber von einer bestimmten Verhandlungssituation überfordert fühlen oder davon ausgehen, dass diese eskalieren könnte, vergessen Sie nicht die Möglichkeit, dass Sie eine vermittelnde Person beiziehen könnten. Dazu folgendes Beispiel:

▶ Im Nachgang zu einem von mir geführten Verhandlungstraining kontaktierte mich ein Teilnehmer. Er fragte, ob ich bereit wäre, eine anstehende Verhandlung zwischen ihm und einem Geschäftspartner im Vertrieb zu moderieren.

Es ging um die Nutzungsrechte an Produktideen: Der Vertriebspartner bringt immer wieder Produktideen aus dem Markt zurück und möchte am Nutzen der daraus entstehenden Produktverbesserungen, die bis zur Entwicklung von neuen Produkten gehen können, wirtschaftlich teilhaben.

Die beiden Parteien erkannten, dass diese Verhandlung für sie zu einer Herausforderung werden könnte, und wollten – sozusagen prophylaktisch, bevor ein Konflikt entstehen konnte – einen Verhandlungsexperten beiziehen, der sie durch den Verhandlungsprozess navigiert.

Nach verschiedenen Abklärungen mit dem Teilnehmer und dem Geschäftsführer des Vertriebspartners sagte ich zu und wir trafen uns für einen Tag an einem neutralen Ort.

Die Verhandlung führten wir an diesem einen Tag erfolgreich bis zu einer konkreten Einigung, die zunächst von mir handschriftlich auf Flipchart-Papier festgehalten und im Anschluss von den Rechtsabteilungen in einen Vertrag überführt und gegenseitig unterzeichnet wurde. ◀

Häufig beobachte ich, gerade in wirtschaftlichen Kreisen, dass Führungskräfte die Meinung vertreten, sich Unterstützung für Verhandlungen zu holen, oder gar eine Mediation in Anspruch nehmen zu müssen, sei ein Zeichen von Schwäche. Schließlich zeichne sich eine Führungskraft bereits durch eine überdurchschnittliche Verhandlungskompetenz aus. Wenn das stimmt und Verhandlungen jeweils zu einem erfolgreichen Abschluss gebracht werden können, ist das auch in Ordnung. Wenn aber Verhandlungen nicht wie gewünscht laufen, zu scheitern drohen oder nicht zu einem optimalen Ergebnis zu führen scheinen, ist der Beizug von Verhandlungsexpertise kein Zeichen von Schwäche, sondern von Stärke.

2.2 Verhandeln mit Unterstützung

Auch für vermittelnde oder unterstützende Personen sind Kenntnisse bezüglich des Verhandlungsprozesses von großer Bedeutung. Nicht nur müssen die Parteien entlang eines sinnvollen Verhandlungsablaufes durch ihre eingebrachten Verhandlungsthemen begleitet werden; es muss auch möglich sein, mit spontan oder neu auftretenden Konflikten kompetent umzugehen. Diesem Umstand wird gemäß meiner Beobachtung bei der Ausbildung von bestimmten Berufsgruppen noch zu wenig Bedeutung beigemessen. In all den folgenden aufgeführten Formen müssten die beigezogenen Personen gleichzeitig auch kompetente Verhandlungsprofis sein, um ihre Rolle professionell ausfüllen zu können.

Konfliktlösungen unter Beizug einer vermittelnden Person können unterschiedliche Formen aufweisen. Je nach Rolle, welche die vermittelnde Person übernimmt, unterscheiden wir zwischen **Moderation, Mediation, Schlichtung, Schiedsverfahren** und **gerichtlicher Vergleichsverhandlung.** Differenzieren können wir zudem zwischen Konfliktlösungen, die unter Aufrufung eines ordentlichen Gerichts erfolgen, und Konfliktbeilegungen, die außergerichtlich erfolgen. In letzterem Fall spricht man von alternativen Streitbeilegungsverfahren (Alternative Dispute Resolution, kurz: ADR). ADR-Verfahren tragen in der Regel zu einer schnellen Konfliktbeilegung bei, sind auf Wahrung der Vertraulichkeit ausgerichtet und tendenziell kostengünstig. Die Rolle der vermittelnden Person entscheidet dabei, um welches Verfahren der Streitbeilegung es sich handelt. Lassen Sie uns die Begriffe kurz voneinander abgrenzen, da sie zum Verhandlungsgrundwissen gehören.

- **Moderation**
  Von Moderation sprechen wir, wenn eine allparteiliche Vermittlungsperson die Parteien in einem reinen Sachkonflikt bei der Strukturierung des Verhandlungsprozesses unterstützt und durch geeignete Techniken für eine lösungsorientierte Zusammenarbeit sorgt. Die Aufgabe der Moderatorin oder

des Moderators besteht in der Moderation eines Lösungswegs, den die Parteien miteinander gehen und auf dem sie die sachbezogenen Aspekte des Sachkonflikts selbst bearbeiten. Ziel der Moderation ist es, die Voraussetzungen für eine mögliche Vereinbarung zwischen den Beteiligten zu schaffen.

- **Mediation**
  Wie bei der Moderation ist auch bei der Mediation die Einflussnahme einer dritten Partei zwingend erforderlich. Im Unterschied zur Moderation besteht bei einer Mediation nicht nur ein Konflikt auf der Sachebene, sondern zusätzlich auch auf der Beziehungsebene. Neben der Lösungsfindung auf der Sachebene geht es demnach bei der Mediation auch um die Befriedung des Konflikts auf der Beziehungsebene.

- **Schlichtung**
  Im Unterschied zur Moderation und zur Mediation bringt sich bei der Schlichtung die vermittelnde Person auch inhaltlich in den Verhandlungsprozess ein. Sie tut dies, indem sie die Positionen der Parteien bewertet und diesen – unter Berücksichtigung möglichst aller Interessen der Konfliktparteien – konkrete Lösungen vorschlägt und nahelegt.

- **Schiedsverfahren**
  Neben Moderation, Mediation und Schlichtung gehört auch das Schiedsverfahren zu den ADR-Verfahren. Hier delegieren die Konfliktparteien sowohl die Kompetenzen zur Prozessgestaltung wie auch die Kompetenzen zur inhaltlichen Entscheidung an eine oder mehrere Personen, die von den Parteien einvernehmlich bestimmt werden und neutral zu sein haben. Das Schiedsverfahren endet mit einem Schiedsspruch, der die Parteien wie ein gerichtliches Urteil bindet.

- **Gerichtliche Vergleichsverhandlungen**
  Beim Vergleich handelt es sich laut Rechtsprechung des Schweizerischen Bundesgerichts um die «durch gegenseitige Zugeständnisse zustande gekommene vertragliche Beseitigung eines Streites oder einer Ungewissheit über ein bestehendes Rechtsverhältnis».[8] Der Vergleich kann vor oder nach der Prozessanhebung abgeschlossen werden. Wenn er vor einem Gericht zustande kommt und von diesem genehmigt wird, spricht man von einem gerichtlichen Vergleich. Kommt der Vergleichsabschluss hingegen nicht während einer Gerichtsverhandlung, sondern direkt zwischen den Streitparteien zustande, nennt man das Ergebnis einen außergerichtlichen Vergleich.

- **Richterlicher Urteilsspruch**
  Legt hingegen eine Richterin oder ein Richter in einem Urteil die Konfliktlösung fest, kommen die hinter den vorgetragenen Forderungen liegenden Interessen der Parteien vielfach nicht optimal zum Tragen, denn der Lösungsspielraum des Gerichts bewegt sich nur zwischen den vorgetragenen Forderungen. Kreative Lösungen zum Wohl der Konfliktparteien kann eine Richterin oder ein Richter unter diesen Bedingungen in einem Urteil nicht verordnen.

Die verschiedenen Verfahren und Instrumente zur Konfliktlösung erfordern, wie diese kurze Übersicht zeigt, einen unterschiedlichen Grad an Intervention vonseiten der oder des Dritten. Mit Ausnahme des richterlichen Urteilsspruchs ist allen Verfahren und Instrumenten gemein, dass die Lösung des Konflikts im Rahmen einer von einer dritten Person gesteuerten Verhandlung stattfindet.

3 Strategien des Verhandelns

Die nachfolgenden Verhandlungsstrategien beschreiben die grundlegenden Unterscheidungen und Entscheidungen, die wir treffen müssen, bevor wir uns auf eine Verhandlung einlassen. Hier werden die Weichen für die zu erwartende Verhandlungsdynamik gestellt.

> *Verhandeln ist ein Erfolgsfaktor. Deshalb zahlt sich Verhandlungskompetenz in jeder strategischen Herausforderung aus.*

3.1 Distributives versus integratives Verhandeln

Im Verhandlungsprozess kommen unterschiedliche Interaktionsorientierungen zum Tragen, welche die Verhandlungsdynamik negativ oder positiv beeinflussen und beherrschen. In diesem Zusammenhang ist die 1965 von Richard Walton und Robert McKersie eingeführte Unterscheidung zwischen distributiven und integrativen Interaktionsorientierungen hilfreich.

Beim distributiven Verhandeln wird das Verhandeln als Verteilungskampf aufgefasst, bei dem der vorhandene, als begrenzt angesehene Nutzen oder Wert verteilt wird. Somit handelt es sich um ein Nullsummenspiel; wenn eine Partei etwas gewinnt, verliert die andere Partei eben diesen Anteil an der zu verteilenden Ressource und umgekehrt.

Beispiele für eine **distributive Verhandlungstaktik** sind das konfrontative und das kompetitive Verhandeln:

- **Konfrontativ** verhandeln bedeutet, dass wir unsere eigenen Forderungen konsequent und unnachgiebig verfolgen und gleichzeitig die Forderungen der Gegenseite bekämpfen. Druck, Drohungen und Zwang sind hierbei Mittel der Wahl, mit der «gegnerischen» Partei zu verhandeln. Die angestrebte Verhandlungslösung versucht eine konfrontativ vorgehende Person zu erreichen, indem sie Druck ausübt und/oder Manipulation auf der zwischenmenschlichen Ebene, der Beziehungsebene, einsetzt.
- **Kompetitiv** verhandeln wir, wenn wir unseren eigenen Nutzen auf Kosten der Gegenseite zu maximieren versuchen.[9] Die Interessen der verhandelnden Parteien sind – oder scheinen – einander diametral entgegengesetzt oder zumindest nicht miteinander kompatibel.[10] Jemand, der kompetitiv verhandelt, fokussiert auf die Sache und legt inhaltlich Unnachgiebigkeit an den Tag.

Auf den ersten Blick scheint der kompetitive Stil dem konfrontativen recht ähnlich, jedoch geht ein kompetitiver Verhandler in aller Regel weniger aggressiv vor. Vielmehr legt er ein geschicktes Taktieren an den Tag und wahrt ein gewisses Maß an Anständigkeit, wenngleich seine Absichten zweifelsohne die einseitige Optimierung des eigenen Nutzens sind. Denken wir dabei an eine eloquente Person, die uns auf charmante Weise versucht zu verkaufen, warum wir dies oder jenes tun sollten, obwohl das gar nicht im Einklang mit unseren Interessen steht.

Weil die unterliegende Partei als Verliererin dasteht, werden distributive Verhandlungen auch als **Win-Lose- oder Lose-Win-Verhandlungen** bezeichnet.

Im Gegensatz zum distributiven Verhandeln zielt das **integrative Verhandeln** auf die Optimierung der Verhandlungsergebnisse für beide Seiten. Optionen werden eingebracht, welche Lösungen ermöglichen, die für beide Parteien zusätzlichen Mehrwert entstehen lassen.

Integrative Verhandlungstaktiken unterstützen ein **kooperatives Agieren** zwischen den Verhandlungsparteien. Dies bedeutet, dass die Verhandlungsparteien bereit sind, ein Ergebnis in ihrem gemeinsamen Interesse anzustreben. Dabei arbeiten sie darauf hin, zusätzlichen Wert zu schaffen, sodass mehr verteilt werden kann als in reinen Verteilungsverhandlungen. Kooperatives Verhandeln führt zu vertieften Reziprozitätsbeziehungen (Wechselseitigkeit) und ermöglicht auf der Beziehungsebene eine transformative Wirkung zwischen den Verhandlungsparteien.[11]

Weil keine Partei als Verliererin dasteht, werden integrative Verhandlungen auch als **Win-Win-Verhandlungen** bezeichnet, da über diese Verhandlungsstrategie beide Seiten gewinnen (siehe auch Abschnitt 3.3).

Der Unterschied zwischen distributivem und integrativem Verhandeln lässt sich gut mit der Kuchenmetapher verdeutlichen: Bei distributiven, wertverteilenden Verhandlungen geht es darum, gemeinsam einen bestehenden Kuchen aufzuteilen, wobei jede Partei auf die Maximierung des eigenen Nutzens bedacht ist. Die Parteien haben kompetitive Forderungen und sind bestrebt, das größte Kuchenstück für sich zu ergattern. Bei integrativen Verhandlungen besteht hingegen die Annahme, dass durch die Verhandlung der gemeinsame Nutzen maximiert wird und dabei selbst ein Wert entsteht; der gemeinsame Kuchen vergrößert sich also (quantitative Wertschöpfung) oder wird schmackhafter (qualitative Wertschöpfung).

Sollten Sie eine Win-Win-Verhandlung anstreben und sich unsicher sein, ob eine bestimmte Taktik sinnvoll wäre, fragen Sie sich einfach: **«Würde es auch funktionieren, wenn die andere Partei die gleiche Taktik anwenden würde?»** Mit dieser Frage entlarven Sie jede Win-Lose-Taktik – auch bei sich selbst. Echte Win-Win-Situationen können nur durch das konsequente Verfolgen einer integrativen Verhandlungsstrategie entstehen.

Die integrative Verhandlungstaktik funktioniert nur im Zusammenspiel mit dem interessenbasierten Verhandeln.

3.2 Positionsbezogenes versus interessenbasiertes Verhandeln

Beim distributiven Verhandeln wird mit **Positionen** gearbeitet. Positionen sind konkrete Forderungen, auf die sich die Verhandlungsparteien von Anfang an festlegen und mit denen sie sich identifizieren, die sie verteidigen und von denen sie nur schrittweise abrücken. Beim positionsbezogenen Verhandeln kommt es zu einem Gerangel und Feilschen um scheinbar in Stein gemeißelte Forderungen. Sofern eine Einigung erzielt wird, erfolgt sie im Rahmen eines Feilschprozesses, das heißt durch eine gegenseitige Abfolge begrenzter Zugeständnisse, die von den Parteien angeboten werden.

Beim positionsbezogenen Verhandeln hat sich die Unterscheidung zwischen einem **harten** und einem **weichen Verhandlungsstil** etabliert. Der harte Verhandlungsstil wird tendenziell von einer Partei gewählt, die die andere Partei dominieren will und/oder der das Verhandlungsergebnis wichtiger ist als die Beziehung zum Gegenüber und dessen Zufriedenheit mit dem erzielten Ergebnis. Den weichen Stil wählt hingegen jemand, der den Kompromiss sucht, um so die Beziehung zum Gegenüber vermeintlich nicht zu gefährden. Beide Verhandlungsstile sind nicht geeignet, um eine allseits befriedigende Lösung herbeizuführen. Auch wenn ein gefundener Kompromiss fair erscheinen mag, weil beide Seiten im gleichen Ausmaß nachgegeben haben, ist er selten nachhaltig, da die Parteien doch das Gefühl haben, ihre eigentlichen Verhandlungsziele zumindest ein Stück weit aufgegeben zu haben. Sie tendieren in diesem Fall dazu, eine getroffene Vereinbarung später in Frage zu stellen.

Das Beharren auf Positionen mag vielfach als vorteilhaft erscheinen, da die Verhandlungspartner sich bezüglich der eigenen Interessenlage nicht vertieft vorzubereiten brauchen und sie ein klar messbares Ziel vor Augen haben, was ihnen wiederum innere Sicherheit (die der «klaren Position») gibt. Hinter fixen Positionsbezügen kann auch die Befürchtung stehen, die eigenen Interessen in einem ergebnisoffenen Prozess nicht oder nur ungenügend befriedigen zu können. Dabei sind die der Verhandlung zugrundeliegenden eigenen Interessen entweder nicht bewusst oder sie werden absichtlich nicht offengelegt und durch Positionen verdeckt. Im zweiten Fall handelt es sich um eine sogenannte «Hidden Agenda» (siehe auch Abschnitt 11.3). Eine solche Konstellation hindert die Parteien daran, kreative Optionen für gegenseitige Gewinne zu identifizieren. Wert wird in solchen Fällen lediglich verteilt und nicht neu geschaffen; der bestehende Kuchen wird mit dem Ziel der eigenen Gewinnmaximierung aufgeteilt.

Beharrliche Positionsbezüge sind letztlich ineffizient. Sie belasten die Beziehung zwischen den Parteien und verringern somit die Chance auf eine gütliche Einigung, was wiederum Gefahren für künftige Verhandlungen birgt, da auf diesem Weg kein Mehrwert geschaffen werden kann.

Beim integrativen Verhandeln wird mit **Interessen** gearbeitet. Mit Interessen sind die **Beweggründe** gemeint, die hinter den Positionen stehen. Wenn wir uns auf die Interessen konzentrieren, ergibt sich ein sehr viel größeres Feld möglicher Lösungen als bei der Engführung vorgebrachter Positionen.

Integrative Verhandlungsstrategien zielen auf einen Interessenausgleich zwischen den Parteien ab, durch den unterschiedliche Interessen der Verhandlungsparteien mittels kreativer Optionen zusammengeführt werden können.

▶ Ein vielfach verwendetes Beispiel für eine integrative Konfliktlösung ist das sogenannte Orangengleichnis, das Robert J. House 1975 unter dem Titel «Ugli Orange Case» in einem Fachartikel beschrieb und das seither vielfach aufgegriffen wurde.[12] In diesem Beispiel streiten sich zwei Parteien um Ugli-Orangen.[13] Statt auf der jeweiligen Forderung (= Position) zu bestehen, die ganze Orange zu bekommen, und sich in der Folge in einem Feilschprozess auf das Halbieren der Orange zu einigen, entdecken die Parteien ihre unterschiedlichen Interessen an der Frucht: Während die eine Partei an der duftenden Schale interessiert ist, zielt das Interesse der anderen Partei auf den Saft. Indem die beiden Parteien von ihren Positionen, jeweils die ganze Orange zu bekommen, abrücken und sich den jeweiligen Interessen zuwenden, schaffen sie eine Win-Win-Situation. Gegenüber einer hälftigen Teilung – was auf den ersten Blick als beste Lösung erscheint, jedoch einem faulen Kompromiss gleichkommen würde – können so beide Parteien ihre ursprünglichen Ziele (ganze Schale bzw. ganze Frucht) erreichen. ◀

Visualisieren lassen sich das positionsbezogene und das interessenbasierte Verhandeln am Beispiel des Orangengleichnisses mit Hilfe der Abbildung 1.

Dafür verwenden wir das volkswirtschaftliche Prinzip der Pareto-Grenze (englisch Pareto-Front, in unserer Grafik die Kurve pg). Die Pareto-Grenze ist die Menge aller Pareto-Optima, also aller Verteilungen, die pareto-effizient

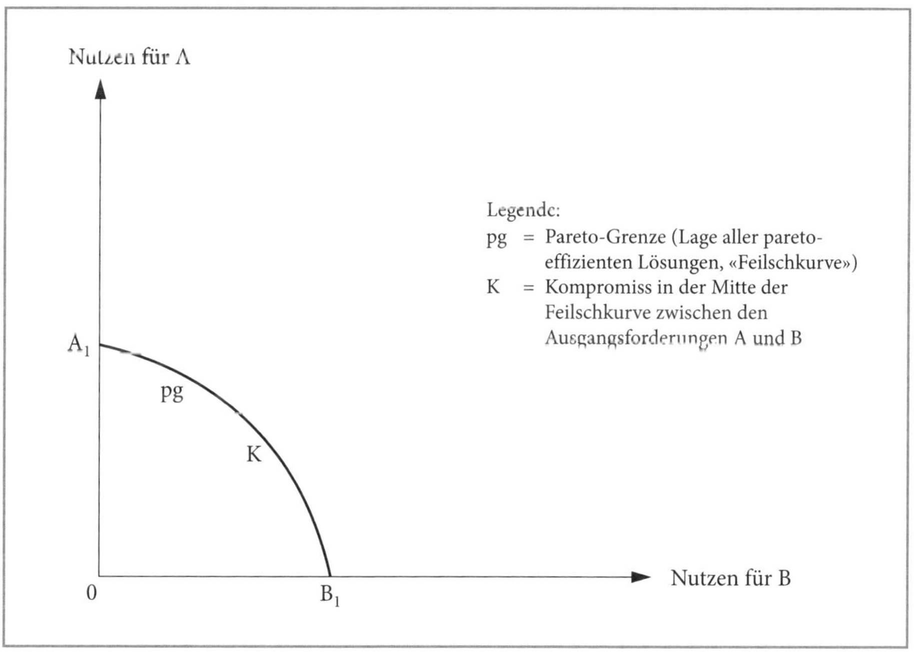

Abb. 1 Pareto-Grenze

sind.[14] Das bedeutet, dass der Nutzen des einen nicht gesteigert werden kann, ohne den Nutzen des anderen zu reduzieren. Alle Güter sind durch die Einigung so verteilt, dass keine weitere Umverteilung möglich ist, ohne eine der Verhandlungsparteien schlechter zu stellen.

Die Pareto-Grenze hat eine konkave Form, weil von einem abnehmenden Grenznutzen ausgegangen wird: In der Regel nimmt in einer Verhandlung der Nutzen pro zu verteilendem Gut je nach Ausgangslage und Beschaffenheit des Gutes unterschiedlich stark zu respektive ab: Wenn A am Anfang alles und B nichts hat, hat B meist bereits einen großen Nutzen davon, einen kleinen Teil der Güter von A zugesprochen zu bekommen. Umgekehrt könnte A am Anfang einen Teil der Güter ohne größere Einbußen an Nutzen etwas an B abgeben. Je mehr A jedoch abgibt, desto größer werden für A die Einbußen pro abgegebenem Gut. Umgekehrt wird für B der Nutzen einer zusätzlichen Einheit des Guts allmählich geringer, mit jedem weiteren von A erhaltenen Gut.

Im Verhandlungskontext stehen die beiden Achsen für die jeweilige **Zufriedenheit** der Verhandlungsparteien mit dem Verhandlungsergebnis beziehungsweise für ihren jeweiligen «Nutzen» aus dem Ergebnis.

Beim **positionsbezogenen Verhandeln** starten die Parteien A und B mit ihren jeweiligen Maximalforderungen A_1 und B_1 und bewegen sich anschließend – entlang der Pareto-Grenze pg – schrittweise aufeinander zu, indem sie um eine mögliche Einigung feilschen. Die Pareto-Grenze pg bezeichnen wir in der Folge deshalb als «Feilschkurve» – solange wir auf ihr operieren, kann der eigene Nutzen nur zu Lasten der anderen Seite erhöht werden.

Würde es im Orangenbeispiel Partei A (deren Interesse es ist, den eigenen Hunger zu stillen) gelingen, die eigene Maximalforderung in der Verhandlung durchzubringen und somit die ganze Frucht zu bekommen, wäre die Lösung beim Punkt A_1. Partei A hätte so das eigene Verhandlungsziel zu 100 Prozent erreicht, würde allerdings die Schale der Orange wegwerfen. Partei B ginge bei dieser Lösung leer aus.

Sollte es hingegen Partei B, die einen Kuchen backen möchte und dafür den Abrieb der Orangenschale braucht, gelingen, die ganze Orange zu «ergattern» (sie würde dann die Frucht wegwerfen, da sie nur die Schale benötigt), wäre die Lösung beim Punkt B_1.

Wenn man nun davon ausgeht, dass die zur Verfügung stehende Verhandlungsmasse (in diesem Fall eine Orange) begrenzt ist (Nullsummenspiel) und durch die Verteilung aller Güter auch der gesamte mögliche Nutzen umgesetzt wird, dann stellt die Feilschkurve pg die Menge der möglichen Win-Lose- und

Lose-Win-Lösungen dar: Was A gewinnt, muss B abgeben, und umgekehrt. Treffen sich die Parteien genau in der Mitte der Kurve, also auf der Diagonalen zwischen den beiden Achsen A und B, befindet sich die Lösung beim Punkt K. Beide sind gleich zufrieden oder gleich unzufrieden mit dem Ergebnis, was häufig einem faulen Kompromiss gleichkommt.

Beim **interessenbasierten Verhandeln** kann demgegenüber eine Lösung gefunden werden, die es beiden Parteien ermöglicht, das ursprünglich angestrebte Verhandlungsergebnis vollständig zu erreichen (ganze Frucht und ganze Schale, entspricht in der Abbildung 2 dem Punkt M_1).

Auf der Basis der bekannten Beweggründe der Parteien (Hunger stillen und Kuchen backen) wird es nun möglich, das komplette inhärente **Mehrwert-**

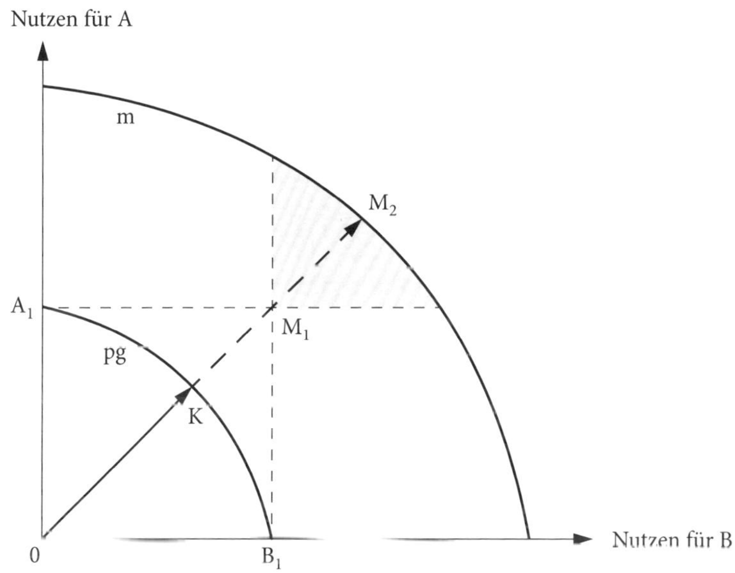

Legende:
pg = Pareto-Grenze («Feilschkurve»)
m = Grenze des Nutzens aller möglicher Lösungen in einer bestimmten Situation (Mehrwertbereich)
K = Kompromiss zwischen den beiden Ausgangspositionen, wenn man sich nur auf der Feilschkurve bewegt
M_1 = beide ursprünglichen Ziele werden erreicht
M_2 = für beide Seiten gleich großer Nutzen im Mehrwertbereich
grauer Bereich = High Value Zone gegenüber Lösung M_1 resp. ursprünglicher Zielsetzung (A_1 und B_1)

Abb. 2 Erweiterung des Nutzens für beide Parteien

Potenzial systematisch zu evaluieren und gemeinsam zu realisieren. Dieses Potenzial ist nicht unendlich und die Kurve m symbolisiert die Grenze des Nutzens aller möglichen Lösungen in einer bestimmten Verhandlungssituation respektive die Grenze des Mehrwertbereichs.

Das Ziel einer Verhandlung sollte es sein, die Feilschkurve zu verlassen und auf der Basis der Interessen in den grau eingefärbten Mehrwertbereich zu gelangen. In dieser **«High Value Zone»** wird Zusatznutzen geschaffen, sodass beide Seiten noch mehr bekommen, als sie erhalten hätten, wenn sie ihre ursprüngliche Maximalforderung hätten durchsetzen können.

Zwar stellt die gesamte Fläche zwischen den beiden Kurven pg und m den möglichen Mehrwertbereich dar. Jedoch ist nur die «High Value Zone» der Bereich, in dem nicht nur eine, sondern beide Seiten mehr Mehrwert schöpfen können, als wenn sie auf der Kurve pg das für sie bestmögliche Ergebnis erzielt hätten.

Im Beispiel mit der Orange könnten die Parteien den Mehrwert für beide zusätzlich steigern, indem weitere kreative Ideen entwickelt werden. So könnte beispielsweise Partei A der Partei B dabei helfen, den Kuchen zu backen. Im Gegenzug könnte Partei B der Partei A ein Stück des Kuchens abgeben. Oder der Kuchen wird durch die Verwertung auch der Frucht aufgewertet, gemeinsam gebacken und dann stückweise gemeinsam verkauft, der Erlös geteilt oder gemeinsam investiert. Kreativen Ideen sind auf der Basis der Interessen kaum Grenzen gesetzt.

Solche kreativen Lösungen ermöglichen es, den insgesamt zu verteilenden Nutzen zu vergrößern, wobei sich das nur über gegenseitige **Kooperation** erreichen lässt.

Im Idealfall kann eine Lösung verhandelt werden, die bei Punkt M_2 liegt, also für beide Seiten einen gleich großen zusätzlichen Nutzen darstellt. Dies ist jedoch nicht immer möglich. Es kann sein, dass der Zusatznutzen für eine Seite größer ist als jener der anderen Seite. Solange sich die Lösung aber im grauen Bereich, der High Value Zone, bewegt, wird sichergestellt, dass die Seite mit dem geringeren Zusatznutzen mindestens den gleichen oder höheren Nutzen gegenüber der für sie maximalen Lösung auf der Feilschkurve pg erhält.

Somit verschiebt sich der individuell mögliche Nutzen einer positionsbezogenen Verhandlung mit Hilfe einer interessenbasierten Verhandlung über den Nutzen aus der Güterverteilung A_1 beziehungsweise B_1 hinaus auf ein für beide Seiten höheres Niveau.

3.3 Win-Lose, Lose-Win, Lose-Lose und Win-Win

Wenn Menschen aufeinandertreffen und in einer Verhandlung eine Einigung erzielen wollen oder müssen, wählen sie jeweils eine der vier folgenden Verhandlungsstrategien oder eine Mischform davon. Das Zusammenspiel der gewählten Strategien generiert in der Folge eine bestimmte Verhandlungsdynamik, die sich wiederum auf die Qualität des Verhandlungsresultats auswirkt. Sowohl die Verhandlungsstrategien einschließlich ihrer Dynamiken als auch die Verhandlungsergebnisse lassen sich mit diesen vier Schlüsselbegriffen fassen:

- **Win-Lose** ist eine Konkurrenzstrategie, mit der letztlich nur die eigenen Positionen verfolgt werden: Es wird versucht, den eigenen Gewinn auf Kosten des Verhandlungspartners zu maximieren beziehungsweise den eigenen Verlust auf Kosten der Gegenpartei zu minimieren, wobei der Schaden des Gegenübers in Kauf genommen wird. Unabhängig davon, ob nur eine oder beide Seiten diese Strategie verfolgen, entsteht in der Verhandlung eine Win-Lose-Dynamik.
- **Lose-Win** ist demgegenüber eine Anpassungs- oder Vermeidungsstrategie: Sie basiert darauf, Entgegenkommen zu signalisieren als Grundlage für zukünftige, profitable Einzeltransaktionen und/oder, um keinen zwischenmenschlichen Konflikt entstehen zu lassen und so die Beziehung zum Gegenüber vermeintlich nicht zu gefährden. Bei dieser Strategie ist man bereit, dem Gegenüber mehr zukommen zu lassen, als man selber erhält. Eine Partei stellt die eigenen Interessen in den Hintergrund, gibt dem Druck des Gegenübers nach und stimmt in der Folge einer Lösung zu, die sich für sie nachteilig anfühlt und/oder auswirkt. Auch hier entsteht eine Win-Lose-Dynamik, wenn nur eine Seite diese Strategie und die andere Seite eine Win-Lose-Strategie verfolgt.
- **Lose-Lose** entsteht in den folgenden Fällen:
  1. Bei einer **beidseitigen Anpassungsstrategie** entsteht eine **Lose-Lose-Dynamik.** Es handelt sich hierbei um eine **beidseitige Vermeidungsstrategie,** bei der sich die Verhandlungspartner gegenseitig möglichst nicht schaden wollen und im Gegenzug auf eine weiterhin funktionierende Beziehung hoffen. Dafür nehmen beide Seiten eine für sich nicht vorteilhafte Lösung in Kauf. Beide Parteien stellen die eigenen Interessen in den Hintergrund und stimmen einem faulen Kompromiss zu.
  2. Eine ganz andere Ausgangslage haben wir, wenn die Lose-Lose-Strategie auf der bewussten Entscheidung beruht, dem Gegenüber zu schaden,

auch wenn das bedeutet, selber Schaden zu erleiden – nach dem Motto **«gemeinsam in den Abgrund»**.

3. Viel häufiger ist allerdings zu beobachten, dass ein **Lose-Lose-Ergebnis** zustande kommt, weil eine Partei in einer früheren Verhandlung eine Win-Lose-Strategie verfolgt hat. Die Partei, die sich als Verliererin dieser Verhandlung fühlt, will sich das scheinbar oder effektiv Entgangene bei der nächsten Gelegenheit zurückholen (sachlicher Beweggrund), sich unter Umständen bei der nächstmöglichen Gelegenheit an der anderen Partei rächen (emotionaler Beweggrund) oder sie wendet sich ganz vom Gegenüber ab, wodurch – über einen bestimmten Zeitraum – ein Schaden für beide Seiten entstehen kann.

Die Win-Lose-Strategie und ihre Varianten Lose-Win und Lose-Lose (meistens unbewusst herbeigeführt) sind im Verhandlungskontext häufig zu beobachten. In verschiedener Hinsicht sind sie jedoch problematisch. Bei einer bewusst oder unbewusst verfolgten Win-Lose-Strategie wird das Ziel verfolgt, den eigenen Nutzen zulasten des Nutzens der Gegenseite zu maximieren. Win-Lose-Verhandlungen sind somit das Resultat einer distributiv geführten Verhandlung. Beim Verfolgen dieser Strategie handelt es sich entweder um eine Haltungsfrage – man möchte seinem Gegenüber weniger zugestehen als sich selbst – oder es fehlen Kenntnisse darüber, wie man zu einer für sich guten Lösung kommt, ohne die Interessen des Gegenübers benachteiligen zu müssen.

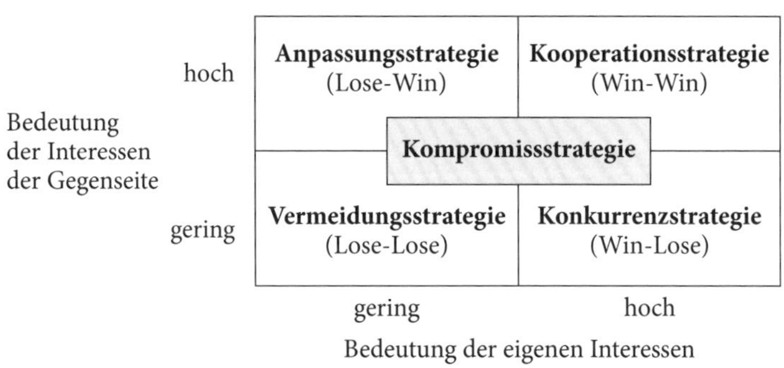

Quelle: In Anlehnung an Voeth/Herbst (2009), S. 124; Lewicki/Hiam/Olander (1998), S. 64.
In Klammern unterhalb der jeweiligen Strategie ist vermerkt, wer in Abhängigkeit von der gewählten Strategie profitieren (Win) bzw. verlieren sollte (Lose). Hierbei bezieht sich das erste Wort in der Klammer auf die eigene Position und das zweite auf die Gegenseite.

Abb. 3 Verhandlungsstrategien; Schema nach Friedrich Sommer[15]

- **Win-Win:** Im Unterschied zu distributiven Verhandlungsstrategien ermöglichen integrative Verhandlungen Win-Win-Situationen, in denen beide Parteien als Gewinner dastehen können. Win-Win-Verhandlungen basieren auf einer Kooperationsstrategie, bei der die hinter den Verhandlungspositionen liegenden Interessen der Verhandlungspartner aufgedeckt werden und der Weg des größten gemeinsamen Nutzens erkundet wird. Die Parteien streben eine Mehrwertlösung an, die zum Vorteil aller Beteiligten ausfallen soll.

4 Wegbereiter des Zürcher Verhandlungsmodells

Das Verfolgen einer integrativen, auf Kooperation und Win-Win ausgerichteten Verhandlungsstrategie bedarf einer Entscheidung, die vor jeder anstehenden Verhandlung gefällt werden muss. Dabei ist es gut zu wissen, dass diese Entscheidung im Kontext einer historischen Entwicklung steht: Das entsprechende Vorgehen, insbesondere das Konzept des interessenbasierten Verhandelns und die Entwicklung von kreativen Lösungen zum Vorteil aller Beteiligten, wurde schon vor etwa einhundert Jahren in seinen Grundzügen beschrieben und im Laufe der Zeit weiterentwickelt. Insbesondere zwei wichtige Wegbereiter des Zürcher Verhandlungsmodelles sollen hier vorgestellt und gewürdigt werden: die Erkenntnisse von Mary Parker Follett und die Ideen der Harvard-Autoren, die ihrerseits Folletts Gedanken verwendet, weiterentwickelt und durch zusätzliche Elemente ergänzt haben.

4.1 Mary Parker Follett

Als eine der ersten Wirtschaftswissenschafterinnen erforschte die amerikanische Soziologin und Juristin Mary Parker Follett (1868–1933) die Hindernisse, die einer nachhaltig erfolgreichen Zusammenarbeit in Unternehmen im Wege stehen. Follett hatte 1898 ihr Studium in Wirtschaft, Regierung, Jura und Philosophie am Radcliffe College für Frauen abgeschlossen, einem Institut, das als Ergänzung zu der den Männern vorbehaltenen Harvard Universität im Jahre

1879 gegründet worden war. Nach dem Studium engagierte sie sich erfolgreich in der Gemeinwesenarbeit und in der Erwachsenenbildung. Dort erforschte sie die Bedeutung von Organisationen als sozialen Systemen. Ihr Engagement brachte sie in Kontakt mit der Unternehmenswelt, für die sie viele Jahre lang als wichtige Beraterin fungierte.[16]

Produktive Zusammenarbeit durch partizipativen Führungsstil

Im Laufe ihrer Untersuchungen in Organisationen und Unternehmen erkannte Follett, dass Hierarchien Beziehungen behindern und dadurch die Produktivität hemmen. Die in den meisten Unternehmen ihrer Zeit vorherrschende vertikale Führungskultur – so das Ergebnis ihrer Forschung – verhinderte das Ausschöpfen von Mehrwertpotenzial und wirtschaftlichem Erfolg. Ziel der Zusammenarbeit in einem Unternehmen ist ein gemeinsames Wertschöpfen und der Weg dorthin führt nicht über eine Autoritätskultur, sondern über eine dezentrale Unternehmensführung und einen integrativ-partizipativen Führungsstil. Produktive Zusammenarbeit entsteht erst, wenn Mitarbeiterinnen und Mitarbeiter sowie Führungspersonen einander auf Augenhöhe begegnen und in einem wirklichen Miteinander Herausforderungen bewältigen können. Selbstentfaltung und Selbstbestimmung der Mitarbeitenden eines Unternehmens sind gemäß Follett Voraussetzungen einer produktiven Unternehmenskultur und die Schlüsselfaktoren unternehmerischen Erfolgs.

Mary Parker Follett begründete mit ihren Forschungsergebnissen und den daraus resultierenden Schlussfolgerungen die **humanistische Organisationslehre** und Unternehmensführung. Ihre Forderungen nach vernetzten und kooperativen Strukturen in Unternehmen und Organisationen war für ihre Zeit visionär, haben nichts an Aktualität eingebüßt und werden in Unternehmen, die auf Selbstorganisation und gemeinschaftliches Arbeiten setzen, bis heute erfolgreich umgesetzt.

Förderung demokratischer Prozesse

Eine dezentrale und integrative Management- und Organisationskultur hat gemäß Follett nicht nur eine entscheidende Wirkung auf die Beziehungen, die Selbstentfaltung und Produktivität von Mitarbeiterinnen und Mitarbeitern, sondern hat auch einen wesentlichen Anteil an der Förderung demokratischer Prozesse in Gesellschaften. Das Bewusstsein und die Kompetenz der Menschen, die sie dazu befähigen, an Demokratien mitwirken zu können, beginnen im Kleinen, in den zwischenmenschlichen Begegnungen und sozialen Ordnungen, in der Familie, in der Wirtschaft, den Bildungsorganisationen. Die Gesellschaft als Ganzes profitiert so von den demokratischen Mitgestaltungsmöglichkeiten ihrer Mitglieder am Arbeitsplatz. Mitsprache und Kooperation ermöglichen eine sowohl ökonomische wie demokratische Wertschöpfung.

Integratives Vorgehen statt einseitigen Durchsetzens

Der integrative und gleichberechtigte Ansatz der Mary Parker Follett ist nicht nur in Unternehmen und Organisationen relevant, sondern überall dort, wo Konflikte gelöst werden müssen. Laut Follett führt das harte Durchsetzen von Forderungen dazu, dass nur die eine Seite bekommt, was sie will. Dies ist weder fair noch nachhaltig. Auch im Falle eines Kompromisses bekommt keine Seite das, was sie eigentlich wollte. Im Kompromiss wird gemäß Follett die Integrität des Einzelnen nicht gewahrt, da ein Teil des eigenen Selbst aufgegeben wird. Nur durch Integration von gegenseitigen Interessen kann die Integrität des Einzelnen gewährleistet werden. Follett ist somit eine frühe Vertreterin einer integrativen Verhandlungsstrategie:

> *«Wer den Kompromiss befürwortet, gibt das Individuum auf.»*

«Wer den Kompromiss befürwortet, gibt das Individuum auf: Das Individuum soll einen Teil seiner selbst aufgeben, damit etwas geschehen kann. Die Integrität des Individuums wird nur durch Integration gewahrt – und die Ähnlichkeit in diesen Worten ist nicht unbedeutend.»[17]

Das Potenzial von Konflikten nutzen

In ihrem 1926 erschienenen Essay «Constructive Conflict»[18] empfiehlt Follett, Konflikten nicht aus dem Weg zu gehen, sondern sie für uns arbeiten zu lassen. Im Konflikt manifestieren sich unterschiedliche Standpunkte und Sichtweisen, die gesellschaftlich wertvoll sind und die das Potenzial bergen, mit ihrer Hilfe Probleme in Einklang zu bringen.

«Es ist möglich, den Konflikt nicht zwingend als einen nutzlosen Ausbruch von Unvereinbarkeiten zu begreifen, sondern als einen normalen Prozess, durch den sich gesellschaftlich wertvolle Unterschiede zur Bereicherung aller Beteiligten manifestieren. Eine der wertvollsten Eigenschaften von Kontroversen ist ihre aufschlussreiche Natur. Die wirklichen Probleme, um die es geht, kommen ans Licht und haben die Möglichkeit, in Einklang gebracht zu werden».[19]

Integration von Interessen schafft Mehrwert
Charakteristisch für Folletts integrativen Ansatz ist, dass bei Konflikten zwischen den eingenommenen Positionen und den ihnen zugrundeliegenden Bedürfnissen – «desires» – unterschieden wird. Der von Follett verwendete Begriff «desires» wird in der Literatur häufig mit «Interessen» gleichgesetzt. Follett begriff Konflikte als Aufeinandertreffen von unterschiedlichen Bedürfnissen (oder eben Interessen) und empfahl, diese möglichst nicht durch dominantes Verhalten (entspricht Win-Lose) oder vorauseilende Kompromissbereitschaft (entspricht Lose-Win) zu lösen, sondern mittels Integration (entspricht Win-Win). Integration setzt gemäß Follett voraus, dass sich die Konfliktparteien mit den Sichtweisen der Gegenseite gründlich auseinandersetzen und bereit sind, eine Lösung zu erarbeiten, welche die Bedürfnisse beider Seiten berücksichtigt, ohne dass eine Seite etwas aufgeben müsste.[20]

Im Gegensatz zum Kompromiss, der die hinter dem Konflikt liegenden Bedürfnisse und Interessen der Parteien nicht optimal berücksichtigt, schafft eine Integration divergierender Interessen also etwas Neues, das geeignet ist, nachhaltig Mehrwert zu generieren.

Mary Parker Follett plädiert dafür, **Konflikte als gemeinsame Probleme** zu betrachten, die in einem offenen und transparenten Prozess gelöst werden. Der erste Schritt zu einer integrativen Konfliktlösung besteht darin, «die Karten auf den Tisch zu legen»[21] das heißt, die unterschiedlichen Bedürfnisse – oder eben Interessen – offenzulegen. Unterschiede und Widersprüchlichkeiten sollten wir dabei ernst nehmen und thematisieren. In einem zweiten Schritt geht es darum, die Anliegen und Forderungen der involvierten Parteien miteinander abzugleichen, zu bewerten sowie zu versuchen, gemeinsam eine Lösung zu finden, die neue Aspekte einbringt und über das bisher Gedachte hinausgeht. Integrative Konfliktlösung bedeutet in Folletts Verständnis demnach nicht ein Entweder-oder, sondern ein Sowohl-als-auch. Als Beispiel für eine integrative Konfliktlösung führt Follett eine Episode aus ihrem damaligen Studienalltag an:

▶ «In der Harvard-Bibliothek wollte eines Tages jemand in einem der kleineren Räume das Fenster öffnen, ich wollte es geschlossen haben. Wir öffneten das Fenster im Nebenraum, in dem niemand saß. Das war kein Kompromiss, denn es gab keine Einschränkung des Wunsches; wir bekamen beide, was wir wirklich wollten. Denn ich wollte kein geschlossenes Zimmer, ich wollte nur nicht, dass mir der Nordwind direkt ins Gesicht bläst; ebenso wollte der andere Bewohner nicht, dass das Fenster offen ist, er wollte nur mehr Luft im Raum haben.»[22] ◀

Die von Follett in den 1920er Jahren beschriebene Bibliotheksszene taucht in der Verhandlungsliteratur oft als Beispiel für eine integrative Verhandlungslösung auf. In abgeänderter Form wurde dieses Beispiel auch von den Autoren des Harvard-Konzepts aufgenommen, dies jedoch nur mit knappem Verweis auf Folletts Urheberschaft.[23] Außerdem wird hier die Lösung nicht zwischen den – inzwischen zu Männern mutierten – Bibliotheksbenutzern herbeigeführt, sondern durch Vermittlung einer als Dea ex machina auftretenden Drittperson, der Bibliothekarin.[24] Nicht nur die Bibliotheksszene, auch Mary Parker Folletts Ideen zum Thema Integration sind ins Harvard-Konzept maßgeblich eingeflossen, ohne dass sie dafür entsprechend ausgewiesen und gewürdigt wurde.[25]

Folletts zukunftsweisende Ideen zur interessenorientierten Konfliktlösung und zur Integration von Interessen in die Verhandlung haben der modernen Verhandlungswissenschaft entscheidende Impulse geliefert und auch das Zürcher Verhandlungsmodell grundlegend inspiriert.

4.2 Das Harvard-Konzept

Die von Mary Parker Follett vorgenommene Unterscheidung von Interessen respektive «desires» und Positionen wie auch der Grundsatz der gegenseitigen Integration von Interessen wurde im Rahmen des 1979 gegründeten Harvard Negotiation Project (HNP) der Harvard-Universität aufgegriffen und als Methode etabliert, die im Englischen auch als «sachgerechtes Verhandeln» («principled negotiation») bezeichnet wird.[26] In Buchform publiziert wurde die Methode 1981 unter dem Titel «Getting to Yes: Negotiating Agreement Without Giving In». Als Autoren zeichneten der Rechtswissenschaftler Roger Fisher und der Ethnologe William Ury, in der zweiten Auflage kam als Co-Autor der Jurist Bruce Patton dazu. Die erste deutsche Übersetzung erschien 1984 unter dem Titel «Das Harvard-Konzept».

Mit der Wahl des deutschen Buchtitels wurde ein Begriff geschaffen und popularisiert, der heute von vielen als Synonym für sachbezogene, kooperative Verhandlungsführung verwendet wird. Im englischsprachigen Raum wird der Begriff «Getting to Yes approach» verwendet.

Das Harvard-Konzept beansprucht, das Verhandlungsdilemma zwischen hartem und weichem Verhandeln (siehe Abschnitt 3.2) sowie zwischen den Zielen, Wert zu verteilen und Wert zu schaffen, aufzufangen und aufzulösen.

Das Harvard-Konzept basiert auf vier «Grundvoraussetzungen sachbezogenen Verhandelns».[27] Diese sollen eine Problemlösung gewährleisten, die den Interessen der Parteien entspricht, und eine gütliche Einigung für alle Beteiligten bewirken:

1. **Beziehung:** Menschen und Probleme werden getrennt voneinander behandelt.[28] Das Harvard-Konzept geht davon aus, dass die Verhandlungspartner zwei Grundinteressen haben, die sie durchzusetzen versuchen und die sich oft vermischen. Das eine Interesse betrifft den Verhandlungsgegenstand, das zweite die persönliche Beziehung. Eine konstruktive Konfliktlösung erfordert, dass Beziehungs- und Sachebene getrennt behandelt werden. Die Empfehlung lautet, «hart in der Sache, aber sanft zu den beteiligten Menschen» zu sein.[29]

2. **Interessen:** Die Verhandelnden konzentrieren sich auf Interessen statt auf Positionen.[30] Um ein Feilschen und ein Gerangel um Positionen zu vermeiden, ist es nötig, auf die Ebene der Interessen – respektive «desires» – hinter den Positionen zu wechseln, wie dies Mary Parker Follett bereits 1926 gefordert hatte. Anstatt sich an dem zu orientieren, was die Beteiligten fordern (Frage nach den Positionen), soll der Lösungsraum erweitert werden. Man versucht zu verstehen, was die Beteiligten wirklich wollen (Frage nach den Interessen). Dabei geht es nicht nur um die Interessen der jeweiligen Parteien, sondern im Rahmen einer gütlichen Lösung auch um die gemeinsamen Interessen sowie die damit verbundene Prioritätensetzung.

3. **Optionen:** Es werden Entscheidungsmöglichkeiten zum beiderseitigen Vorteil entwickelt.[31] Verhandlungen münden oft in suboptimale Lösungen, weil sich die Parteien vorschnell auf eine Lösung fixieren und alternative Lösungsmöglichkeiten gar nicht in Betracht ziehen. Mit Brainstorming- und anderen Kreativitätstechniken kann man die Flexibilität erhöhen und sich neue Verhandlungsspielräume eröffnen. Durch kreative Optionen können die Verhandlungspartner gemeinsamen Nutzen generieren, der wiederum zwischen allen Parteien verteilt werden kann.[32] Wie schon von Mary Parker Follett formuliert, geht es darum, über das bisher Gedachte hinauszugehen und neue Lösungen zu entwickeln, in denen möglichst alle «desires» Platz finden.

4. **Legitimität:** Zur Anwendung kommen neutrale Beurteilungskriterien.[33] Da es beim sachbezogenen Verhandeln darum geht, allen Beteiligten das Gefühl zu vermitteln, dass die getroffene Übereinkunft einen fairen Interessenaus-

gleich anstrebt, müssen die Entscheidungsgrundlagen nach objektiven, legitimen Beurteilungskriterien erstellt werden.

Neben den vier Grundprinzipien des sachbezogenen Verhandelns führen die Autoren des Harvard-Konzepts eine fünfte Grundvoraussetzung an: Die beste Alternative zum Verhandlungsergebnis prüfen.[34] Die beste Alternative außerhalb einer hypothetischen Einigung («negotiation agreement») wird im Englischen mit dem Akronym BATNA («Best Alternative to a Negotiated Agreement») bezeichnet und kann als «Nichteinigungsalternative» oder umgangssprachlich auch als «Plan B» übersetzt werden.[35] Dabei werden die effektiven Verhandlungsangebote während der Verhandlung und bei Verhandlungsende beziehungsweise vor der Zustimmung zu einer Lösung mit der BATNA abgeglichen. Die BATNA ist gemäß Roger Fisher die zuverlässige Messlatte für die Bewertung jedes vorgeschlagenen Übereinkommens.[36] Basierend auf dieser Bewertung nehmen die verhandelnden Parteien ein vorliegendes Angebot schließlich an oder lehnen es ab.

In der überarbeiteten und aktualisierten Neuausgabe von *Getting to Yes* haben die Autoren die fünf Grundvoraussetzungen Beziehung, Interessen, Optionen, Legitimität und Beste Alternative um zwei weitere Elemente ergänzt: Verpflichtung (commitment) und Kommunikation.[37] Als Verpflichtung gilt eine Vereinbarung, eine Forderung, ein Angebot oder ein Versprechen von einer oder mehreren Parteien und jede Formalisierung dieser Verpflichtung. Unter Kommunikation wird der kooperativ-dialogische Prozess verstanden, in dem die Parteien die sechs vorangehenden Verhandlungselemente diskutieren und behandeln.

Die fünf Grundvoraussetzungen beziehungsweise die sieben Elemente des sachbezogenen Verhandelns sind Roger Fisher und seinem Team zufolge über den ganzen Verhandlungsprozess hinweg zu beachten. Der Erfolg einer Verhandlung lässt sich gemäß den Autoren anhand dreier Kriterien bewerten: «Sie sollte eine vernünftige Übereinkunft zustande bringen – sofern Übereinkunft möglich ist. Sie sollte effizient sein. Und sie sollte das Verhältnis zwischen den Parteien verbessern oder zumindest nicht zerstören».[38]

4.3 Der Weg zum Zürcher Verhandlungsmodell

Das Harvard-Konzept kommt inzwischen weltweit zur Anwendung, es wird aber in mehreren Punkten auch hinterfragt.

Zum einen wird den Autoren die Vernachlässigung der Genderfrage und der Effekte von interkulturellen Unterschieden bei Verhandlungen und anderen substanziellen Verhandlungskontexten vorgeworfen.[39]

Gewarnt wird auch vor einer Überbetonung der Interessen: Diese würden der Komplexität der menschlichen Bedürfnisse, Werte und Überzeugungen nicht gerecht; denn Verhandlungen würden häufig von Werten und Wahrnehmungen sowie von Weltanschauungen («ideologies») der Beteiligten getragen und nicht ausschließlich von deren Interessen.[40] Auch Daniel Druckman stellt eine Verbindung her zwischen Interessen und Werten und betont deren Zusammenspiel und gegenseitige Konstituierung.[41]

Normative Modelle wie das Harvard-Konzept setzen eine idealtypische Rationalität voraus, die so in der Wirklichkeit selten anzutreffen ist. Die sachbezogene Verhandlungsmethode sei zu stark auf Rationalität ausgerichtet und berücksichtige nicht ausreichend die emotionale und relationale, zwischenmenschliche Dimension des Verhandelns, lautet denn auch ein weiterer Kritikpunkt am Harvard-Konzept.[42]

Die grundlegendste Kritik am Harvard-Konzept betrifft aber die Vernachlässigung der Machtfrage. Insbesondere die Annahme, dass Parteien auf einer vom beiderseitigen Willen unabhängigen Basis verhandeln und dank der Methode des sachbezogenen Verhandelns Macht- und Willenskämpfe vermeiden können, wird von namhaften Autoren vehement bestritten.[43] Roger Fisher und sein Team gestanden denn auch ein, dem Machtaspekt nicht die nötige Aufmerksamkeit geschenkt zu haben. Seit der zweiten Auflage von *Getting to Yes* wird – ausgehend von Leseranfragen – die Machtfrage ergänzend erörtert.[44] Die von verschiedener Seite vorgebrachte Kritik am rationalen Ansatz des Harvard-Konzepts[45] hat Roger Fisher mit Dan Shapiro ebenfalls aufgenommen. Mit *Beyond Reason* haben sie 2005 ein Werk vorgelegt, das die Verhandlungstheorie des Konzepts erweitern und die emotionale und relationale Komplexität von Verhandlung und Konflikt veranschaulichen soll.

Getting to Yes ist heute, trotz der angeführten Kritikpunkte, ein weltweit anerkanntes Standardwerk der Verhandlungsführung. Auch mich hat die über Jahrzehnte geführte theoretische und praktische Auseinandersetzung mit dem Harvard-Konzept inspiriert. Während der vielen Jahre, in denen ich Verhandlungen und Verhandlungstrainings nach diesem Konzept führte oder als Vermittler begleitete, habe allerdings auch ich verschiedene Mängel des Konzepts festgestellt.

Es entstand bei mir der Eindruck, auch das Harvard-Konzept folge nicht durchgängig einer bedingungslosen Win-Win-Strategie, sondern es gehe darum, die eigenen Interessen doch besser zu befriedigen als die Interessen der anderen Partei oder von Dritten. Es schien, dass das eine «W» («ours») größer dastand als das andere («theirs»), also tatsächlich ein Win-win angestrebt wurde. So heißt es in einer auf 2000 datierten Checkliste, die an die Teilnehmenden des Program of Instruction for Lawyers (PIL) von Prof. Roger Fisher vergeben wurde: «Verhandlung: Definieren Sie Ihr Ziel. Keine Einigung, oder erreichen Sie eine Einigung, die die Interessen wie folgt befriedigt: unsere: gut; ihre: akzeptabel – genug, um dauerhaft zu sein; andere: tolerabel – genug, um dauerhaft zu sein.»[46]

Unklar bleibt bei den Autoren des Harvard-Konzepts auch, was genau unter «Interessen» und «Positionen» verstanden wird, da eine explizite Definition der Begriffe fehlt.

Entscheidend für meine Infragestellung war jedoch folgende Erkenntnis: In meiner Praxis mit dem Harvard-Konzept kam es mehrmals vor, dass Verhandlungen, die nicht hätten scheitern dürfen, gescheitert sind, oder dass zustande gekommene Verhandlungsergebnisse sich nicht als nachhaltig erwiesen haben. Bei der genaueren Analyse dieser gescheiterten Verhandlungen konnte ich erkennen, dass im Verhandlungsprozess zu wenig geteilte Grundwerte vorhanden gewesen waren und dass deshalb keine vertrauensvolle und somit belastbare Beziehung zustande gekommen war.

Die Sache ist nie ein Hindernis. Beziehungs- und Wertekonflikte hingegen schon.

Das Harvard-Konzept beschreibt auf der Sach- und Beziehungsebene Mechanismen und Grundsätze, die in Verhandlungen eine wichtige Rolle spielen. Chris Provis und Daniel Druckman stören sich an der Überbetonung der Interessen bei gleichzeitiger Vernachlässigung der dahinterliegenden Werte und Überzeugungen. Dieser Kritik stimme ich zu, wobei ich zusätzlich die Vielschichtigkeit individueller Faktoren, die die Beteiligten in eine Verhandlung mitbringen, im Harvard-Konzept vermisst habe. Den persönlichen Faktoren – den Menschen am Verhandlungstisch – wird das Konzept nicht gerecht. Die Dynamiken, die, ausgehend von den Persönlichkeiten, am Verhandlungstisch entstehen, werden nicht berücksichtigt und können somit nicht konstruktiv genutzt werden. Insbesondere aber habe ich beim Harvard-Konzept die Antwort auf die Grundsatzfrage vermisst, mit welcher Haltung ich meinem Gegenüber begegne und welche Werte in meinen Verhandlungen zum Tragen kommen sollen.

Mir wurde klar, dass beim Verhandeln das Potenzial für Optimierungen bei Weitem noch nicht ausgeschöpft ist und die verhandelten Lösungen oft nur kurzfristiger, nicht nachhaltiger Natur sind. Was erreicht wird und was eigentlich zu erreichen möglich wäre, sofern der Fokus auf die richtigen Aspekte gelenkt wird und ein praxistaugliches Set von Maßnahmen zur Umsetzung der Analyse bereitsteht, divergiert erheblich – sowohl im Hinblick auf echte Nachhaltigkeit als auch auf Wirtschaftlichkeit.

Das von mir entwickelte Zürcher Verhandlungsmodell schließt diese Lücke. Neben der zu verhandelnden Sache und der Beziehung werden auch die Persönlichkeit der Beteiligten und deren Werte als Faktoren betrachtet, die in einer Verhandlung wirksam sind und für einen erfolgreichen Prozess nutzbar gemacht werden können. Die Komplexität menschlichen Denkens und Handelns wird abgebildet, indem das Modell die Werte und die Persönlichkeit der miteinander verhandelnden Menschen in Analyse, Vorgehensweise und Nachbetrachtung miteinbezieht. Auf der Basis von individuell überprüfbaren Werten liefert es in jeder Verhandlungssituation konkrete Interventionsansätze.

Eng verwoben mit diesen Kriterien ist die Frage nach der Integrität der Beteiligten. In diesem Sinne nimmt das Zürcher Verhandlungsmodell einen Zusammenhang wieder auf, der bereits von Mary Parker Follett beschrieben wurde: Die Integrität des Individuums wird nur durch Integration gewahrt. Oder anders gesagt: Integration als Ergebnis kooperativen Vorgehens ist mit Integrität in zweifacher Hinsicht untrennbar verbunden – diese drückt sich sowohl in einer wertschätzenden Haltung gegenüber anderen und sich selbst aus als auch in der daraus folgenden Übereinstimmung des eigenen Handelns mit den persönlichen Werten.

Im Zentrum jeder Verhandlung stehen Menschen mit ihrer Persönlichkeit.

Teil II

Das Zürcher Verhandlungsmodell

5 Prinzipien des Zürcher Verhandlungsmodells

Die Art und Weise, wie wir in einer Verhandlung unserem Gegenüber begegnen, ist geprägt von unserem Menschenbild. Dieses Menschenbild ist die Gesamtheit von Annahmen, Überzeugungen und Vorstellungen in Bezug auf das, was Menschen ausmacht und welche Werte und Ziele sie antreiben. Jede Begegnung mit anderen Menschen wirkt sich auf unser Menschenbild aus. Gleichzeitig beeinflusst unser Menschenbild auch die Begegnung mit anderen. In Verhandlungen ist es deshalb zentral, sich zu fragen, welches Menschenbild unserem eigenen Denken und Handeln zugrunde liegt, da dieses die ganze Verhandlungsdynamik bestimmen wird.

Im Zürcher Verhandlungsmodell wird der Verhandlungsprozess auf vier Ebenen dargestellt. Auf jeder dieser Ebenen ist eine bestimmte Grundhaltung Voraussetzung, damit die Verhandlung gelingen kann: Integrität (Persönlichkeit), Wertschätzung (Werte), Vertrauen (Beziehung) und Transparenz (Sache). Diese vier Prinzipien bilden die DNA des Modells. Obwohl die Werte auch der Persönlichkeit zugeschrieben werden, ordnet das Modell diesen eine eigene Ebene zu. So kann dem Umgang mit den Werten im Verhandlungskontext besser Rechnung getragen werden.

5.1 Integrität

Dem Zürcher Verhandlungsmodell liegt ein humanistisch geprägtes Menschenbild zugrunde, das sowohl die eigene Integrität als auch diejenige des Gegenübers ernst nimmt und respektiert. Integrität wird gemeinhin synonym mit bestimmten Eigenschaften einer **Persönlichkeit** wie Anständigkeit, Ehrlichkeit, Unbescholtenheit und Unbestechlichkeit verstanden. Integrität ist also mit der Einhaltung von bestimmten moralisch-ethischen Handlungsmaximen verbunden, die sich in unserem kohärenten Handeln widerspiegeln – im Sinne einer **Wertekongruenz.** Der Begriff beschreibt auch die **Unversehrtheit** von territorialen, souveränen und persönlichen Grenzen.

Bei Integrität geht es aber auch um die Art und Weise des Umgangs mit uns selbst, wie wir verschiedene Teile unserer Persönlichkeit in ein harmonisches Ganzes integrieren.[47] Integrität beruht auch auf Wertschätzung mir selbst gegenüber, die mit der Bereitschaft einhergeht, meine persönliche Integrität zu verteidigen. Ein integrer Umgang mit uns selbst zeigt sich im integren Handeln gegenüber Anderen. Diese Haltung spiegelt sich beispielsweise in der Goldenen Regel.[48] Das heißt, dass im Verhandlungskontext sowohl den eigenen wertebezogenen Persönlichkeitsmerkmalen wie auch ethisch-moralischen Aspekten Rechnung getragen werden muss.

> *Integrität bedeutet die Wahrung meiner eigenen Unversehrtheit sowie die Wahrung der Unversehrtheit meines Gegenübers.*

Integrität ist der Kompass für eine zutiefst persönliche Haltung und stellt den nicht verhandelbaren Kern des Zürcher Verhandlungsmodells dar. Sie bildet das Zentrum der damit verbundenen Verhandlungsphilosophie. Integrität – dies stellte Mary Parker Follett fest – kann nur durch Integration gewahrt werden. Integration im Verhandlungskontext meint ein integratives Verhandeln, bei dem die Partner nicht durch Kompromisse einen Teil ihrer Selbst aufgeben, sondern je für sich als Ganzes ihre Interessen wahrnehmen können.

Die Wahrung der Integrität hat also in Verhandlungen einen wesentlichen, integrierenden Einfluss. Sie konstituiert die persönliche Identität, beeinflusst die Beziehung und dadurch die zu verhandelnde Sache. Eine Verhandlung, die sich am gegenseitigen Mehrwert orientiert, kann ohne die gegenseitige Wahrung der Integrität nicht erfolgreich sein. Das bedeutet: Jeder Mensch hat zu jedem Zeitpunkt in einer Verhandlung das Recht, anständig und respektvoll behandelt und auf Augenhöhe wahrgenommen zu werden.

5.2 Wertschätzung

Eine wertschätzende Grundhaltung ist das Fundament für eine gelingende Verhandlung und wird im Zürcher Verhandlungsmodell auf der Ebene der **Werte** sichtbar gemacht. Wertschätzung kann erlernt und trainiert werden.[49] Falls sich ein Gegenüber unfair und respektlos verhält, bietet das Zürcher Verhandlungsmodell Werteinterventionen an, die geeignet sind, es zumindest in der laufenden Verhandlung auf ethische Grundsätze zu verpflichten. Dies gilt insbesondere auch im Fall von versuchtem Machtmissbrauch.

Wertschätzend zu verhandeln bedeutet, in allen Verhandlungssituationen darauf bedacht zu sein, dem Gegenüber mit einer wertschätzenden und respektvollen Grundhaltung zu begegnen. Dabei messen sich die Wertschätzung und der Respekt, die wir dem Gegenüber entgegenbringen, nicht nur an der Art und Weise wie wir miteinander reden, sondern auch am formellen Setting der Begegnung.

Mit der Wahl des Verhandlungssettings senden wir wichtige Zeichen aus, die sich auf den Verhandlungsverlauf auswirken und den Verhandlungserfolg maßgeblich mitbestimmen. Sind die Räumlichkeiten für den Verhandlungszweck und das Erreichen des Verhandlungsziels geeignet? Stehen Pausensnacks und Erfrischungen zur Verfügung? Funktioniert die technische Infrastruktur? Sind alle Arbeitsplätze gleichwertig ausgestattet? Es gilt, als Gastgeber einen Perspektivenwechsel zu vollziehen und sich zu fragen, wie willkommen man sich selbst im angebotenen Setting fühlen würden.

Wertschätzendes Verhandeln setzt voraus, dass man sich des persönlichen Anteils an der jeweiligen Situation bewusst und bereit ist, Verantwortung für den Verhandlungsprozess und für das gute Gelingen der Verhandlung zu übernehmen.

Dies erfordert ein dialogisches Vorgehen, ein Sprechen und Sprechenlassen, ein Zuhören und Ausredenlassen, damit ein Verständnis für die Argumente und Handlungen des Gegenübers entwickelt werden kann. Auch hier empfiehlt es sich, Perspektivenwechsel zu vollziehen und sich zu fragen, wie das Gegenüber die Verhandlung erlebt und wie man in der Verhandlung aus der Perspektive des Gegenübers argumentieren und handeln würde.

Dasselbe Maß an Empathie darf man beim wertschätzenden Verhandeln aber auch von der Gegenseite erwarten und einfordern. Wertschätzendes Verhandeln lässt Einspruch und Widerspruch durchaus zu, sowohl was inhaltliche Aspekte auf der Sachebene betrifft als auch in Bezug auf die Kommunikation auf der

Metaebene. Gegenseitige Wertschätzung verlangt geradezu, dass Unstimmigkeiten angesprochen und Störungen thematisiert werden. Erst wenn ich auch bereit bin, meinem Gegenüber zu signalisieren, dass etwas nicht stimmt, erst wenn ich Widerspruch einlege, wo es die Sache oder der Ton gebietet, begegne ich ihm wirklich auf Augenhöhe. Widerspruch ist statthaft und erntet in der Regel Respekt. Wer konstruktiv kritisiert, erfährt Wertschätzung.

Wertschätzendes Verhandeln bedeutet auch, sich auf einen gemeinsamen Weg zu begeben und gemeinsam nach kreativen Lösungen zu suchen, die das in der aktuellen Situation verborgene Potenzial möglichst umfassend ausschöpfen und eine Win-Win-Situation ermöglichen, die inhaltlich über eine vor der Verhandlung gesetzte Zielsetzung hinausgehen kann. Sie und Ihr Gegenüber sind gefordert, ein Verhandlungsklima zu gestalten, das den Boden für eine ergebnisoffene und lösungsorientierte Verhandlung bereitet. Dies ist einfacher gesagt als getan und bedeutet für viele Menschen einen Paradigmenwechsel, weil wir eher daran gewöhnt sind, mit konkreten Verhandlungszielen in einer Verhandlung anzutreten. Oder, wie ich immer wieder betone: **«Wenn wir uns ein konkretes Verhandlungsziel setzen, laufen wir Gefahr, es zu erreichen.»** Wirklich ergebnisoffen verhandeln kann man nur, wenn man sich – von Beginn weg oder später im Verhandlungsprozess – nicht auf ein konkretes Ergebnis festlegt. Dieses könnte nämlich noch übertroffen werden.

Das Zürcher Verhandlungsmodell geht von der Prämisse aus, dass grundsätzlich alle Menschen sich auf der Werteebene ansprechen lassen und die Ressourcen in sich tragen, die notwendig sind, um sich in Verhandlungen auf Augenhöhe zu begeben und einem wertschätzenden Vorgehen zuzustimmen.

5.3 Vertrauen

Integrität und Wertschätzung sind Voraussetzungen, die das Entstehen von Vertrauen ermöglichen. Und Vertrauen wiederum ist die Voraussetzung für eine gelingende Beziehung. Vertrauen entsteht dann, wenn das Gegenüber als authentisch empfunden und als stimmig und wahrhaftig erfahren wird. Vertrauen muss man sich erarbeiten und sorgfältig pflegen, denn unser Gegenüber entscheidet, ob sie oder er uns das Vertrauen schenkt. Somit ist jede Verhandlung immer auch eine Verhandlung um Vertrauen. Vertrauen schafft langfristige Beziehungen und stärkt die persönliche Reputation. Es ist auf der Beziehungsebene der ausschlaggebende Faktor für eine erfolgreiche Verhandlung. Deshalb

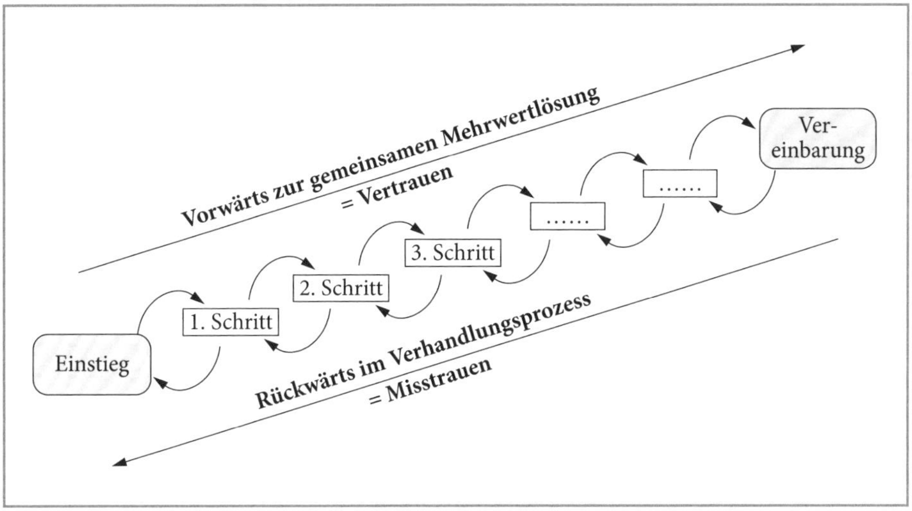

Abb. 4 Vertrauensbildende Maßnahmen in der Prozessdynamik

steuern vertrauensbildende Maßnahmen und Mechanismen im Zürcher Verhandlungsmodell den gesamten Verhandlungsprozess, von der Vorbereitung über die Durchführung bis zum Abschluss, und sie sind ein wichtiger Teil der Prozessdynamik. Sie tragen dazu bei, dass jeder Schritt im Prozess gleichzeitig ein Schritt vorwärts in Richtung einer gemeinsamen Mehrwertlösung ist. Der Verzicht auf vertrauensbildende Maßnahmen kann hingegen zu Misstrauen führen und hat meist mehr oder weniger direkte Rückschritte im Verhandlungsprozess zur Folge. Abbildung 4 veranschaulicht diesen Prozess.

5.4 Transparenz

Das Prinzip des wertschätzenden Verhandelns äußert sich im Weiteren in der Art und Weise, wie man in Verhandlungen miteinander kommuniziert. Wertschätzende Ansätze fördern eine offene und transparente Kommunikation, die erlaubt, dass unterschiedliche Ansichten und Bedürfnissen geäußert werden, ohne dass es zu Störungen und Unstimmigkeiten kommt. Offene und transparente Kommunikation ermutigt die Teilnehmenden in einer Verhandlung zudem, zusätzliche Informationen offenzulegen, sich auf neue Ideen einzulassen und ursprüngliche Präferenzen neu zu bewerten. Mit dem Setzen von wertschätzenden Signalen ermutigen Sie das Gegenüber dazu, mit Ihnen und nicht gegen

Sie zu arbeiten. Die von Ihnen gesetzten Signale helfen, Pattsituationen zu durchbrechen und beim Gegenüber in heiklen Situationen Gesichtsverlust zu vermeiden.

▶ Während des Neubaus eines kleinen Mehrfamilienhauses erfährt der Architekt vom Sanitärinstallateur, dass infolge von Krankheit und Quarantäne durch Corona ein Teil der Belegschaft ausgefallen sei und sich nun bei der Installation der sanitären Einrichtungen Verzögerungen ergeben würden.

Der Architekt teilt dem Sanitärmeister mit, dass am vereinbarten Termin festgehalten werden muss, worauf der Sanitär meint, dass er auch nicht «zaubern» könne. Die beiden gehen im Streit auseinander und der Architekt teilt der Bauherrschaft mit, was sich abgespielt hatte.

Um diese Pattsituation aufzulösen, schlägt der Bauherr dem Architekten vor, den Sanitärmeister selbst anzurufen.

Am Telefon teilt der Bauherr dem Sanitärmeister mit, dass er vom Architekten über die angekündigte Verzögerung informiert worden sei und lässt sich nochmals kurz aufzeigen, wie sich die Situation im Sanitärunternehmen aktuell präsentiert. Er zeigt Verständnis für die schwierige Situation des Unternehmens, worauf sich der Sanitärmeister sichtlich entspannt und einen freundlicheren Ton anschlägt.

Dann bringt der Bauherr sein Interesse, nämlich den Bezugstermin der bereits vermieteten Wohnungen einhalten zu können, in das Gespräch ein.

Er regt an, über Möglichkeiten nachzudenken, die den personellen Engpässen der Sanitärfirma Rechnung tragen und gleichzeitig den vorgesehenen Bezugstermin sicherstellen.

Sie diskutieren verschiedene Möglichkeiten wie beispielsweise, dass der erwachsene Sohn der Bauherrschaft, der noch studiert und gerade Semesterferien hat, den Sanitärmeister auf dieser oder einer anderen Baustelle als Hilfskraft unterstützen könnte. Oder über den Beizug von Aushilfskräften aus anderen Firmen, Überzeit am Abend oder Samstagsarbeiten.

Durch Überzeiten wurde der Termin schließlich eingehalten und so sichergestellt, dass auch alle Folgearbeiten von anderen Handwerksbetrieben noch vor dem Bezug der Wohnungen ausgeführt werden konnten.

Die Bereitschaft des Bauherrn, sich auf das Problem des Sanitärmeisters einzulassen und selbst einen Beitrag zur Lösung zu leisten, hat der Verhandlung eine andere Wendung gegeben und die Pattsituation aufgelöst. ◀

Wenn es um die konkrete Erarbeitung von Lösungen in der zu verhandelnden **Sache** geht, ist der Aspekt der Transparenz zentral, da die hinter vorgebrachten Positionen verborgenen Interessen der beteiligten Parteien bekannt sein müssen, um eine Mehrwertlösung zu entwickeln. Die Offenlegung der Interessen bedingt und schafft Vertrauen und sichert damit die Kontrolle über den Verhandlungsprozess. Der Sinn einer transparenten Kommunikation ist nicht die einseitig vollständige Offenlegung aller Informationen, sondern die schrittweise Beseitigung von Informationsasymmetrien sowie der Aufbau von gegenseitigem Vertrauen. Transparenz ist dann gewährleistet, wenn Entscheidungsprozesse und Verhandlungsziele einsehbar und nachvollziehbar sind. Transparenz fördert zudem die Kooperationsbereitschaft und steigert die gegenseitige Wertschätzung und damit das Engagement und die Loyalität der involvierten Parteien. Transparenz ist das Gegenteil von Verschleierung. Transparent verhandeln bedeutet einerseits, Sachinformationen bereitzustellen und zu teilen sowie das eigene Interessengefüge anzusprechen. Transparent verhandeln heißt aber auch, dass man sich authentisch verhält. Dies ist dann der Fall, wenn unsere Handlungen aus unserem individuellen Selbstbild heraus begründet sind und zu unserer Persönlichkeit passen.

6 Voraussetzungen des Zürcher Verhandlungsmodells

Verhandlungen setzen immer den Wunsch mindestens einer der beteiligten Parteien voraus, ein bestimmtes Thema gemeinsam anzugehen und so den Ist-Zustand zu verbessern. Aufgrund einer gegenseitigen Abhängigkeit und scheinbar divergierender Interessen kommt es dabei häufig zu Konflikten. Während wir gemeinhin dazu neigen, Konflikte zu meiden, ist es sinnvoller, den Konflikt als Ressource zu betrachten – als Chance und Potenzial für eine umfassende und nachhaltige Verhandlungslösung, die aufgrund der Integration unterschiedlicher Interessen der konfligierenden Parteien dazu geeignet ist, Mehrwert zu schaffen.

6.1 Integration, Mehrwert und Diversität

Jede Verhandlung hat ihre eigene Dynamik. Dabei lassen sich, wie wir im ersten Teil dieses Buches gesehen haben (siehe Abschnitt 3.1), zwei grundsätzliche Interaktionsorientierungen unterscheiden, welche die Verhandlungsdynamik in verschiedene Richtungen lenken. Wer Verhandeln als Verteilungskampf versteht, bei dem der vorhandene, als begrenzt betrachtete Nutzen oder Wert verteilt werden muss, orientiert sich an einer distributiven Strategie. Metaphorisch gesprochen wird hierbei der bestehende Kuchen verteilt.

Wer hingegen darauf abzielt, die Interessen aller Beteiligten zusammenzuführen und kreative Optionen zum Nutzen aller Beteiligten zu entwickeln, die gemeinsamen Mehrwert schaffen, orientiert sich an einer integrativen Verhandlungsstrategie. Integration meint dabei, dass auf dem Lösungsweg die Interessen beider Parteien als Ganzes berücksichtigt und zusammengeführt und so beide Verhandlungsparteien ihre ursprünglichen Ziele erreichen. Dies bedingt, dass die Interessen offengelegt werden. Zusätzlicher Mehrwert wird erreicht, wenn kreative Optionen ins Spiel kommen. Bei der Mehrwertlösung wird daran gearbeitet, das ursprüngliche, individuelle Ziel zu überbieten und – metaphorisch gesprochen, den Kuchen so zu vergrößern, dass das kleine Stück des großen Kuchens größer wird als das große Stück des kleinen Kuchens, wobei im Idealfall der Nutzen des Verhandlungsergebnisses respektive die Zufriedenheit mit diesem für beide Seiten gleich groß ist.

Die Interessen der Beteiligten sind in der Regel vielschichtig und werden durch verschiedene Faktoren geprägt. In Verhandlungen begegnen wir einem komplexen Zusammenspiel verschiedener Faktoren, die wir managen müssen. Es ist nicht nur die Sache, die ein Interesse begründet, sondern es sind auch individuelle Faktoren, die sich auf die Interessenbildung auswirken und welche die Beteiligten zu einer Verhandlung mitbringen.

Um dieser Diversität und Komplexität besser gerecht werden zu können, werden im Zürcher Verhandlungsmodell die Ebenen der Sache und Beziehung um die Ebenen der Werte und der Persönlichkeit erweitert. Der Ansatz macht diese komplexe Dynamik sichtbar, überführt sie in ein übersichtliches Modell und macht so den Verhandlungsprozess steuerbar. Integration, Mehrwert und Diversität im Verhandlungskontext werden somit wirksam im Wechselspiel zwischen den vier Prozessebenen **Sache, Beziehung, Werte** und **Persönlichkeit.**

6.2 Konflikte und Emotionen als Ressourcen

Ein Konflikt entsteht dann, wenn eine Verhandlung scheitert oder nicht stattfindet.

Konflikte sind fundamentale Bestandteile des sozialen Lebens und «unvermeidbare und für den sozialen Wandel notwendige Begleiterscheinung des Zusammenlebens in allen Gesellschaften», sie sind «Ausdruck von Spannungen und Unvereinbarkeiten zwischen verschiedenen, voneinander abhängigen Parteien im Hinblick auf ihre jeweiligen Bedürfnisse, Interessen und Wertvorstellungen».[50] Solange sie nicht gewalttätig ausgetragen werden, bieten sie die Chance, Missverständnisse aufzuklären, unterschiedliche Sichtweisen kennenzulernen und neue Lösungen zu finden. Wie Mary Parker Follett schon 1926 postulierte, sollte man Konflikten nicht aus dem Weg gehen, sondern sie für uns arbeiten lassen.

Im Verhandlungskontext entstehen Konflikte, wenn eine Verhandlung nicht optimal verläuft oder gar scheitert – oder wenn eine Verhandlung, die hätte stattfinden sollen, nicht stattfindet. Wenn eine Verhandlung wirksam gesteuert wird, können bereits vorhandene oder während der Verhandlung auftauchende Konflikte konstruktiv angegangen und mit den entsprechenden Interventionsansätzen gezielt aufgelöst werden. Konflikt- und Verhandlungsmanagement sind deshalb ein und dasselbe.

Es gibt Konflikte, die kein emotionales Ereignis darstellen und sich ausschließlich auf der Sachebene bewegen. Hier handelt es sich um einen reinen Sachkonflikt, wobei es auch bei einer solchen Ausgangslage herausfordernd sein kann, emotionslos zu bleiben.

Der Umgang mit Emotionen ist eng verknüpft mit der Selbstwahrnehmung bezüglich des eigenen Befindens in einer Verhandlungssituation. Erfolgreiche Verhandlerinnen und Verhandler nehmen die eigenen Emotionen ernst und bringen sie bei Bedarf in die Verhandlung ein. Positive Emotionen können eine Verhandlung konstruktiv beeinflussen und auf das Gegenüber motivierend wirken. Viele Konflikte gehen jedoch mit negativen Emotionen und Ängsten einher. Wenn wir also Konflikte als Ressource ansehen, muss das auch für negative Emotionen gelten, die in Konflikten zum Vorschein kommen.

Wenn wir Konflikte als Ressource ansehen, gilt das auch für negative Emotionen, die in Konflikten zum Vorschein kommen.

Durch den Einbezug von Persönlichkeit und Werten kann der Ursprung der negativen Emotionen differenzierter zugeordnet und angegangen werden. Es gibt Menschen, die von ihrer Persönlichkeit her schneller in Emotionen geraten als andere. Genauso gibt es unterschiedliche emotionale Reaktionen, wenn persönliche Werte verletzt werden. In beiden Fällen macht sich die negative Emotion auf der Beziehungsebene bemerkbar, indem sie die zwischenmenschliche Atmosphäre belastet. Wir dürfen dabei nicht aus den Augen verlieren: Solange eine Seite auch die negativen Emotionen noch zum Ausdruck bringt, zeigt sie damit vielfach den Willen, die Verhandlung weiterführen zu wollen.

6.3 Definition von Verhandeln

Ausgehend von diesen Prinzipien und Voraussetzungen und als Grundlage für die folgende Vorstellung des Modells lässt sich folgende weiterführende Definition von Verhandeln nach dem Zürcher Verhandlungsmodell formulieren:

Verhandeln ist ein Beziehungsgeschehen zwischen zwei oder mehr Parteien mit gemeinsamen und unterschiedlichen Interessen. Daraus entstehende Emotionen und Konflikte bilden wertvolle Ressourcen für den gemeinsamen Prozess. Unter Einbezug und Berücksichtigung der verschiedenen Persönlichkeiten und auf Basis von geteilten oder eingeforderten Werten wird im Rahmen eines strukturierten kommunikativen Prozesses ein Interessenausgleich angestrebt, der gegenüber der aktuellen Situation für alle Parteien einen erkennbaren Vorteil darstellt. Die so zustande gekommene Einigung erschließt idealerweise das der Situation inhärente Mehrwertpotenzial maximal. Die Grundlage für das Gelingen einer Verhandlung bilden Integrität, Wertschätzung, Vertrauen und Transparenz.

Wie aus dieser Definition hervorgeht, setzt das Zürcher Verhandlungsmodell konsequent auf echte kooperative Verhandlungslösungen. Von anderen Modellen unterscheidet es sich insofern, als es neben dem Ziel einer nachhaltigen Mehrwertlösung die Existenz oder das Zustandekommen eines minimalen Grundkonsenses, basierend auf verbindlichen Werten, als zentralen Faktor definiert. Dabei setzt eine Verhandlungssituation nicht zwingend einen Konflikt voraus. Dies bedingt allerdings, dass sich die Verhandlungsparteien von Anfang an auf der Interessenebene begegnen und während der Verhandlung nicht auf daraus abgeleiteten Positionen beharren.

7

Grundbegriffe und Struktur des Zürcher Verhandlungsmodells

Verhandeln auf der Grundlage von Werten verläuft zwar vielschichtiger als andere Ansätze, ist aber dafür auch viel reichhaltiger im Hinblick auf mögliche Konfliktlösungsansätze. Es handelt sich um ein umfassendes und praxisbezogenes Orientierungs- und Handlungsmodell, das sowohl in der Verhandlungsführung als auch bei der Vor- und Nachbereitung von Verhandlungen als Reflexions- und Analyseinstrument eingesetzt werden kann. Mit der Berücksichtigung der Wertehaltungen und der Persönlichkeiten der Akteure erweitert das Zürcher Verhandlungsmodell den Raum für mögliche Interventionen, denn diese können nicht nur auf der Sach- und auf der Beziehungsebene, sondern auch auf der Ebene der Werte und der Persönlichkeit konkret geplant und durchgeführt werden. Nicht zuletzt bei Verhandlungen, die auf ungleicher Augenhöhe beginnen und bei denen unterschiedliche Machtverhältnisse herrschen, schaffen diese beiden Ebenen Raum für zusätzliche Interventionsansätze mit dem Ziel einer echten Win-Win-Lösung.

7.1 Grundbegriffe des Zürcher Verhandlungsmodells

Obwohl – oder gerade weil – die Begriffe «Interessen» und «Positionen» in die Umgangssprache Einzug gehalten haben, ist die genaue Bedeutung nicht immer allen klar. Deshalb scheint es unerlässlich, die Begriffe im Rahmen des Zürcher Verhandlungsmodells zu definieren und in den Kontext weiterer verwendeter Schlüsselbegriffe zu stellen. In einem ersten Schritt werden die vier Begriffe **Interessen, Vorstellungen, Positionen** und **Optionen** ausgeführt:

- **Interessen** sind, in Anlehnung an Mary Parker Folletts Beschreibung, Wünsche («desires»), Bedürfnisse, Beweggründe oder Motive, die – verbalisiert oder nicht – nur **abstrakt** umschrieben sind. Das bedeutet, sie sind noch nicht mit einem spezifischen Bild einer möglichen Lösung verknüpft. Sobald aber aus den Wünschen und Bedürfnissen spezifische Bilder abgeleitet werden, handelt es sich entweder um Vorstellungen, Optionen oder Positionen. Da Interessen der eigentliche Antrieb sind, sich auf Verhandlungen einzulassen und diese voranzutreiben, setzt das interessenbasierte Verhandeln diese auf der Sachebene ins Zentrum.

- **Vorstellungen** sind **mentale Bilder,** die einen Zustand beschreiben, von dessen Realisierung man sich die Befriedigung eines abstrakten Interesses verspricht. Vorstellungen sind konkret und können von alleine entstehen oder aber durch ein Interesse eines Gegenübers aktiviert werden. Die aktivierten Bilder werden nicht als Forderung in eine Verhandlung eingebracht, sondern zunächst einmal nur gedanklich entworfen. Sobald an bestimmte Vorstellungen Einigungsbedingungen geknüpft und als Forderungen in eine Verhandlung eingebracht werden, sprechen wir von Positionen.

- **Positionen** sind demnach **konkrete Forderungen,** die in eine Verhandlung eingebracht und oftmals argumentativ, mit Druck oder durch Manipulation verteidigt und durchgesetzt werden wollen. Positionen repräsentieren somit die Vorstellungen und diese wiederum tiefer liegende Interessen. Sie werden in einer Verhandlung mit dem Ziel vorgebracht, diese Interessen zu befriedigen. Positionen dürfen nicht mit Standpunkten – im Sinne von Sichtweisen – verwechselt werden. Sobald Vorstellungen nicht als Positionen, sondern als mögliche Lösungsvorschläge in die Verhandlung eingebracht werden, sprechen wir von Optionen.

- **Optionen** sind konkrete Vorstellungen, die als **mögliche Lösungsansätze** zur Befriedigung der beteiligen Interessen von einer Seite in die Verhandlung eingebracht oder im Idealfall in einem gemeinsamen Prozess (beispielsweise mithilfe eines Brainstormings) entwickelt werden.

Wir benötigen ein Beispiel, um uns die Unterschiede besser begreiflich zu machen:

▶ Denken wir an eine Angestellte, die ihre Vorgesetzte um eine Gehaltserhöhung bitten möchte. Ihr **abstraktes Interesse** könnte lauten: Ich möchte meinen Lebensstandard weiterführen können, da durch die Inflation die Preise gestiegen sind und dadurch mein Realeinkommen gesunken ist. Diesem negativen Umstand möchte die Angestellte entgegenwirken, was ihr in ihrer Vorstellung durch eine Gehaltserhöhung gelingt. Wenn sie nun diese **konkrete Vorstellung,** die aus ihrer Sicht das Problem für sie lösen würde, in die Verhandlung mit ihrer Vorgesetzten einbringt und eine Gehaltserhöhung fordert, wird ihre Vorstellung durch die damit verbundene Forderung zu einer **Position.** Dies erschwert in der Regel den Verhandlungsprozess, weil von einer Position Druck ausgeht, der Gegendruck erzeugt. Stiege die Angestellte hingegen mit dem abstrakten Wunsch/Interesse, die Kaufkraft erhalten zu können, in die Verhandlung ein, würde die Vorgesetzte wahrscheinlich mit mehr Wohlwollen reagieren. Vielleicht ließe sich ihr Problem ja auch anderweitig lösen, mit einer kreativen Option wie beispielsweise Firmenrabatten, in deren Genuss sie bislang nicht kam.

Es ist nicht immer einfach zu erkennen, welchem der vier genannten Begriffe (Interessen, Vorstellungen, Positionen, Optionen) eine in der Verhandlung vorgebrachte Äußerung zuzuordnen ist. Interessen sind schwieriger zu erkennen, da sie vielfach zwischen den Zeilen, in Nach- oder Nebensätzen oder gar nicht geäußert werden. Positionen erkennt man in der Regel einfacher, da sie uns als Forderungen des Gegenübers ganz direkt betreffen. Während es kaum möglich ist, eine Position zu überhören, ist das bei Interessen leicht der Fall. Mit entsprechender Übung fällt es uns zunehmend leichter, zwischen Interessen, Vorstellungen, Positionen und Optionen zu unterscheiden und mit diesen in der Verhandlung zielführend umzugehen.

Da es für jedes Interesse mehrere mögliche Konkretisierungen im Sinne von Vorstellungen, Positionen und Optionen gibt, hilft der Fokus auf Interessen, alternative Lösungen zu finden, die im Idealfall allen Beteiligten Mehrwert bieten. Um Konflikte produktiv zu machen und letztlich aufzulösen, empfiehlt es sich, ergebnisoffen in eine Verhandlung einzusteigen, das heißt, die Befriedigung abstrakter Interessen zu verfolgen und nicht fixe Positionen zu verteidigen oder durchzusetzen.

Zwischen Verhandelnden gibt es keine Interessenkonflikte. Interessen mit Konfliktpotenzial hingegen schon.

Während in vielen Konfliktanalysemodellen der Begriff des **Interessenkonflikts**[51] verwendet wird, handelt es sich dabei genau besehen um einen **begrifflichen Widerspruch,** wenn damit die unterschiedliche Interessenlage zwischen Verhandelnden – also die interpersonelle Ebene – gemeint ist. Interessen sind abstrakter Natur und beinhalten noch keine konfliktträchtigen Forderungen. Konflikte entzünden sich erst durch die in die Verhandlung eingebrachte Konkretisierung der Interessen. Anders ausgedrückt: Wenn uns jemand mitteilt, er sei hungrig, entsteht noch kein Konflikt. Dieser kommt erst dann zum Vorschein, wenn er unsere Orange haben will. Anstelle von Interessenkonflikten sprechen wir deshalb von **Interessen mit Konfliktpotenzial.** Auf der innerpersönlichen Ebene können allerdings Interessenkonflikte auftreten, wenn sich jemand zwischen der Wahrung der eigenen Interessen oder von Fremdinteressen entscheiden muss, beispielsweise aufgrund von verschiedenen Rollen und Funktionen, die jemand innehat.

Bei den Ausdrücken Beziehungskonflikt, Wertekonflikt und Persönlichkeitskonflikt liegt hingegen kein begrifflicher Widerspruch vor, da die drei Konfliktarten tatsächlich unmittelbar präsent sind, wenn sich auf der Beziehungs-, Werte- oder Persönlichkeitsebene ein Konflikt entzündet.

Beziehungskonflikte manifestieren sich in einer Verhandlung immer auf der zwischenmenschlichen Ebene und drücken sich in Form von gefühlter Abwertung, Misstrauen oder anderen negativen Emotionen aus. Dabei unterscheiden wir zwischen Beziehungskonflikten auf der zwischenmenschlichen und auf der institutionellen Ebene.

Ein Beziehungskonflikt mit Ursache auf der zwischenmenschlichen Ebene kann nicht nur durch als störend empfundene Aktivitäten des Gegenübers entstehen, sondern auch ohne das Zutun des Gegenübers – beispielsweise, wenn das Vertrauensverhältnis nicht gegeben ist, weil jemandem ein schlechter Ruf vorauseilt.

Ein Beziehungskonflikt kann von der zwischenmenschlichen Ebene auf eine Institution übertragen und dort – in Form einer negativen Erwartung – mitgetragen werden und zu einem späteren Zeitpunkt von dieser institutionellen Ebene wieder auf die Ebene der gleichen oder anderer Akteure zurückfließen.

▶ In einer ländlichen Gemeinde soll eine Hauptstraße ausgebaut und verbreitert werden. Damit dies realisiert werden kann, sollen verschiedene Landbesitzer, mehrheitlich landwirtschaftliche Familienbetriebe, einen schmalen Streifen Land entlang der zu verbreiternden Straße an die Gemeinde verkaufen.

Alle sind einverstanden – außer einer Familie, die sich einem Verkauf widersetzt.

Im Verlauf der Verhandlungen hat sich herausgestellt, dass die Familie des Urgroßvaters der jetzigen Besitzer vor vielen Jahrzehnten schon einmal Land gegen deren Willen abtreten musste. Besonders gravierend für die Familie war, dass die Gemeinde damals von ihrer Möglichkeit, das erforderliche Land durch eine Enteignung zu bekommen, Gebrauch gemacht hatte. Dies wurde von der Bauernfamilie, die sich als Verlierer in dem damaligen Streit um das Land sah, als ungerecht erlebt.

Dadurch entstand damals ein institutionelles Beziehungsproblem zwischen der Gemeinde und dieser Familie, das in der Familie tradiert wurde und in der aktuellen Verhandlung immer noch wirksam war.

Nachdem dies von der Familie auch entsprechend geäußert wurde, haben die Gemeindevertretenden, die sich des Umstandes der damaligen Enteignung nicht bewusst waren, ihr Bedauern für die damalige Situation ausgedrückt und der Familie versichert, dass sie auf gar keinen Fall eine weitere derartige Win-Lose-Situation herbeiführen möchten.

Dies hat geholfen, das institutionelle Beziehungsproblem aufzulösen und die Türe für Sachfragen zu öffnen. Die Parteien haben sich dann auf einen Landabtausch mit Gemeindeland geeinigt, da die Familie keine weiteren Produktionsflächen verlieren wollte. ◀

Wertekonflikte entstehen, wenn in einer Verhandlung eine Person oder Partei einen oder mehrere der sieben Grundwerte des Zürcher Verhandlungsmodells (Respekt, Empathie, Partnerschaft, Kreativität, Fairness, Logik und Nachhaltigkeit) oder weitere Werte der anderen Seite verletzt. Dabei kann die Verletzung individuelle und/oder die Werte einer Institution betreffen.

Von einem Wertekonflikt sprechen wir, wenn eine Seite das Gegenüber nicht wertschätzend und nicht auf Augenhöhe behandelt. Dabei unterscheiden wir zwischen einer absichtlichen und einer unabsichtlichen Verletzung der Werte des Gegenübers.

Eine **absichtlich** herbeigeführte Werteverletzung mit daraus folgendem Wertekonflikt tritt häufig in Kombination mit einer tatsächlich besseren – oder zumindest als besser wahrgenommenen oder als solche vorgetäuschten – Machtposition auf; weil man es sich dann «erlauben» kann, die andere Seite absichtlich schlecht zu behandeln. Dass jemand einer anderen Person bewusst schaden will, indem beispielsweise die eigene Machtposition zum Nachteil des Gegenübers ausgenutzt wird, hängt wiederum stark mit der Persönlichkeit zusammen. Es gibt Menschen, die kennen diesbezüglich keine Skrupel und anderen käme es nie in den Sinn, jemandem Schaden zuzufügen.

Ein Wertekonflikt kann auch entstehen, wenn eine Seite ihr Gegenüber **nicht absichtlich, sondern unbewusst** schlecht behandelt und deren Werte verletzt. In diesem Fall wird diese Seite ihr Verhalten aber meist problemlos ändern, sobald das Thema angesprochen wird.

Wertekonflikte manifestieren sich auf der Beziehungsebene, indem sie ungute Gefühle bis hin zu deutlich negativen Emotionen auslösen.

▶ Im Rahmen einer bestehenden Geschäftsbeziehung reicht ein Lieferant seinem Kunden ein Angebot für ein neues Projekt ein. Da es sich um großes Projektvolumen handelt, wird vom Kunden eine Angebotsbesprechung angesetzt. Am Verhandlungstisch sitzen der Einkaufsleiter des Kunden und von Seiten des Lieferanten der Projektleiter sowie der Verkaufsleiter.

Nachdem bereits vieles besprochen wurde und von Kundenseite auch positive Signale für eine mögliche Auftragserteilung gesendet wurden, neigt sich das Meeting (vermeintlich) dem Ende zu. Da stellt der Einkaufsleiter für die beiden Vertreter des Lieferanten völlig überraschend die Forderung nach einem Preisnachlass auf.

Der Projektleiter reagiert sofort mit der Frage: «Soll das heißen, dass Sie jetzt noch gewinnen und wir verlieren sollen?»

Der Einkaufsleiter verneint diese Frage und wechselt das Thema.

Seine Reaktion deutet darauf hin, dass er seine von ihm empfundene Machtposition als Kunde doch noch ausnutzen und den Lieferanten im Preis drücken wollte. Darauf angesprochen, möchte er jedoch offenbar nicht als Gewinnmaximierer zu Lasten der Kundschaft dastehen.

Auf jeden Fall – so wurde es mir zurückgemeldet – hat sich die Investition in das Verhandlungstraining bereits durch das Einbringen dieser einen Frage gelohnt. ◀

Persönlichkeitskonflikte treten auf, wenn die Ursache des Konfliktes auf der Persönlichkeitsebene angesiedelt ist. Dies ist dann der Fall, wenn die Persönlichkeit und die Integrität des Gegenübers nicht respektiert wird.

Um die Ebene der Persönlichkeit und die auf dieser Ebene auftretenden Konflikte für den Verhandlungsprozess greifbar zu machen, wird im Zürcher Verhandlungsmodell die «Persönlichkeit» nochmals weiter in die folgenden drei Merkmale unterteilt, die wiederum die Verhandlungsdynamik bestimmen:

1. Als Kern wird die **Integrität** verstanden, die sich wiederum durch die individuelle Gewichtung der sieben Grundwerte manifestiert (siehe Spider-Diagramm in Abschnitt 8.3). So kann es sein, dass jemand beispielsweise bezüglich Fairness oder Respekt toleranter ist als jemand anders.

2. Dieser innerste Kern der Persönlichkeit wird umfasst von den Merkmalen des **Grundcharakters,** der **Sozialisation,** dem **Erfahrungshintergrund** und dem **kulturellen Umfeld** etc., durch das jemand geprägt wurde. Diese Faktoren sind nicht so direkt fassbar, sollten aber trotzdem im Bewusstsein sein und entsprechend berücksichtigt werden. So kann es sich in lohnen, sich auch mit den kulturellen Eigenheiten, die das Gegenüber geprägt haben, aus-

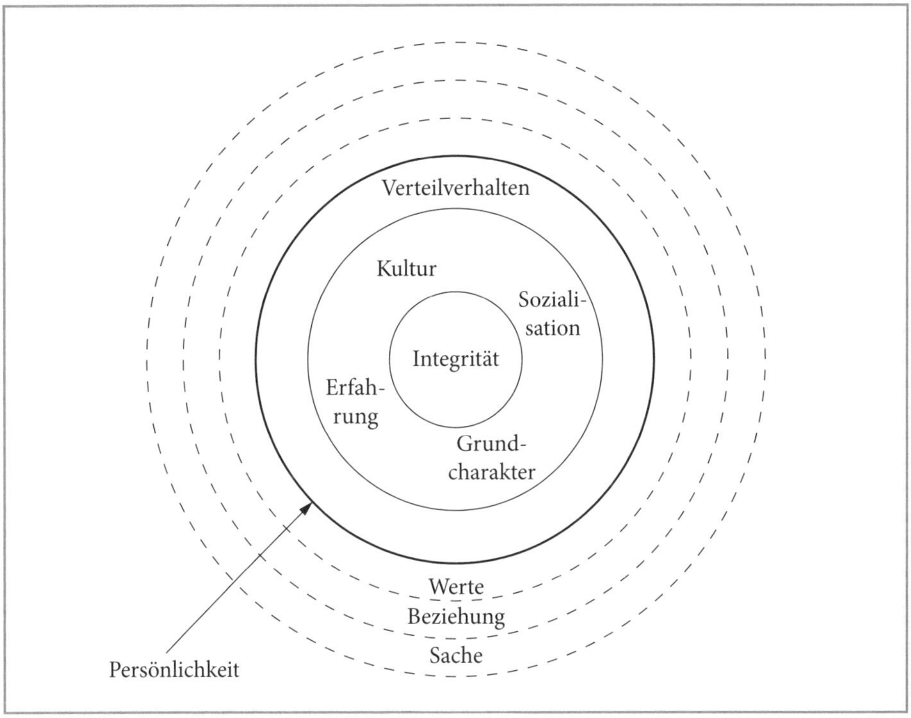

Abb. 5 Merkmale der Persönlichkeit im Zürcher Verhandlungsmodell

einanderzusetzen, und diese beispielsweise beim Setting, der Art der Begrüßung etc. in der Verhandlung zu berücksichtigen. Oder indem die Art der Kommunikation auf die Sozialisation des Gegenübers abgestimmt wird. So hat mir ein Seminarteilnehmer nach dem Seminar erzählt, dass er das Gelernte gleich nach dem Verhandlungstraining bei der Verhandlung mit einem Spediteur angewandt habe. Dabei verwendete er die dem Spediteur nicht geläufigen Fachbegriffe der Interessen, Optionen, Kriterien und BATNA, worauf der Spediteur nach kurzer Zeit meinte: «Was ist denn mit dir los, bist du krank?»

3. Als drittes Merkmal und äußerste Schicht der Persönlichkeit arbeitet das Zürcher Verhandlungsmodell mit der Verhaltenstendenz bezüglich des **Verteilverhaltens,** die eine Person an den Tag legt. Oder, anders ausgedrückt: Verhält sich jemand dem anderen gegenüber dominant oder unterwürfig (Beziehungsebene) respektive fordernd oder nachgiebig (Sachebene). Bei diesem dritten Merkmal können wir in einer Verhandlung nun direkt ansetzen, weil wir es unmittelbar erleben und über die Werteebene wiederum beeinflussen können.

Konflikte, die ihren Ursprung auf der Persönlichkeitsebene haben, wirken sich negativ auf die Werteebene aus und machen sich dann bei der Gegenpartei wiederum auf der Beziehungsebene durch negative Emotionen bemerkbar.

Auch hier können wir zwischen einer absichtlichen und einer unbeabsichtigten Verletzung der Persönlichkeit des Gegenübers unterscheiden.

Damit es zu einer **absichtlichen** Verletzung der Integrität einer anderen Person kommen kann, muss die Persönlichkeit der verletzenden Verhandlungspartei so ein Vorgehen auch zulassen. Vielleicht haben Sie es auch schon erlebt, dass Ihnen beim Einkaufen an der Kasse zu viel Rückgeld gegeben oder ein Produkt zu billig verrechnet wurde. Ob Sie Ihr Gegenüber darauf aufmerksam machen oder nicht, hängt von Ihrer Persönlichkeit ab.

Fragen Sie sich selbst: Wenn Sie Gelegenheit haben, jemanden ohne absehbare Folgen für Sie über den Tisch zu ziehen, tun Sie es oder nicht? Wo ziehen Sie Ihre Grenze?

Ähnlich wie bei einer **unbewussten Verletzung** der Werte des Gegenübers wird eine Person, die die Integrität der anderen Partei unbewusst verletzt, das Verhalten sofort korrigieren, sobald sie das bemerkt oder darauf angesprochen wird. Vielleicht neigt eine Person zu einem dominanten oder fordernden Verhalten, möchte das aber im Grunde gar nicht und ist dankbar für ein entsprechendes Feedback in der Verhandlung.

Viele Konflikte auf den anderen drei Ebenen **Sache, Beziehung** und **Werte** sind ebenfalls auf die jeweiligen Persönlichkeiten zurückzuführen. So beeinflusst die Persönlichkeit beispielsweise sehr stark die Sichtweise oder den Umgang mit Wertschätzung und Macht respektive das Verständnis für die Nöte/Interessen des Gegenübers.

▶ In einer Wohngemeinschaft leben drei Studenten zusammen, die vor einigen Monaten bei den Eltern ausgezogen sind und gemeinsam ihre erste Wohnung bezogen haben.

Natürlich muss auch in einer solchen Wohngemeinschaft das Leben organisiert und die anfallende Arbeit im Haushalt erledigt werden. Das bedeutet, dass auch die drei jungen Männer verhandeln müssen, wer welche Arbeiten übernimmt und wie sie es beispielsweise mit der Ordnung in den gemeinsam genutzten Bereichen handhaben wollen.

Die drei sind schon seit der Zeit im Gymnasium gut befreundet und bisher immer auch gut miteinander ausgekommen. Kürzlich kam es zu einem kleinen Konflikt, da im gemeinsam genutzten Wohnzimmer unterschiedliche Vorstellungen zum Grad der Ordnung aufeinandertrafen.

Hans fühlt sich nicht wohl, wenn in diesem Bereich so viele persönliche Gegenstände, wie beispielsweise ein Fahrrad, deponiert werden.

Daraufhin meint Max, dass doch jetzt einfach alle ihre persönlichen Dinge aus dem Wohnzimmer räumen sollten. Jetzt meldet sich Konrad zu Wort und sagt, er verstehe gar nicht, was das Problem sei.

Da sich die drei schon lange und sehr gut kennen, können sie in dieser Situation auf die unterschiedlichen Persönlichkeiten eingehen und diese in dieser Konfliktsituation berücksichtigen: Hans kommt immer direkt zum Punkt und spricht seinen Unmut klar und deutlich aus, wobei er auch in der Lage ist, solche Situationen zu moderieren respektive konstruktiv zu lenken. Max springt bei Problemen immer gleich zu einer (möglichen) Lösung, da er Spannungen nicht gut aushalten kann. Und Konrad benötigt ganz generell immer viel Zeit, um ein Problem zu erörtern, bevor er sich einer Lösung zuwenden kann.

Hans meint nun zu Max, dass das sofortige Entfernen aller persönlichen Gegenstände eine mögliche Lösung sei (so holt er Max mit seinem Vorschlag ab), schlägt aber vor, noch etwas ausführlicher über die Situation zu sprechen, bevor sie sich Gedanken zur Lösung machen (so nimmt er auch Konrad ins Boot). Er berücksichtigt bei seinem Vorgehensvorschlag also die Persönlichkeiten aller Beteiligten, indem er ein Vorgehen ins Spiel bringt, das allen Persönlichkeiten gerecht wird.

Nachdem sie festgestellt haben, dass zwar alle sich etwas mehr Ordnung im Wohnzimmer wünschen, bei Hans aber die Schmerzgrenze früher als bei den beiden anderen erreicht ist, einigen sie sich darauf, dass jeder maximal vier persönliche Gegenstände im Wohnzimmer platzieren kann, die eine bestimmte Größe nicht übersteigen (das Fahrrad kommt bei der Eingangstüre unter das Vordach).

Zudem vereinbaren sie, dass sie immer am Ende eines Monats gemeinsam überprüfen, wie die Situation im Wohnzimmer sich in den vergangenen vier Wochen entwickelt hat. ◀

Wie wir gesehen haben, machen sich alle drei Konfliktarten auf der Beziehungsebene dadurch bemerkbar, dass sich eine Person von der Gegenseite schlecht behandelt fühlt. Wenn ein Konflikt bewusst angestoßen wird, ordnen wir dies als Verletzung auf der Werteebene ein. Der Konflikt kann aber auch auftreten, ohne dass eine Intention vorliegt, etwa weil eine Äußerung oder Handlung als Angriff auf die persönliche Integrität verstanden wird, die so nicht beabsichtigt war.

Hervorzuheben bleibt, dass sich die drei Konfliktarten nicht immer trennscharf einer Ebene zuordnen lassen. Ein Konflikt kann gleichzeitig auf zwei oder mehreren Ebenen manifestiert sein und ist folglich auch auf diesen Ebenen zu lösen. Dies bedingt, dass bei der Konfliktlösung Störungen auf den einzelnen Ebenen analytisch auseinanderdividiert werden. Erst wenn die Störungen auf den einzelnen Ebenen lokalisiert sind, können sie – wie wir in Kapitel 10 sehen werden – in einem zweiten Schritt mit den im Zürcher Verhandlungsmodell vorgesehenen Interventionsansätzen gelöst werden.

Die Sache ist nie ein Hindernis. Beziehungs-, Werte- und Persönlichkeitskonflikte hingegen schon.

7.2 Grundstruktur des Zürcher Verhandlungsmodells

Das Schema des Zürcher Verhandlungsmodells, so wie es in Abbildung 6 in seiner Grundstruktur abgebildet ist, beschreibt entlang zweier Achsen die in einer Verhandlung relevanten Prinzipien und Mechanismen.

Auf der horizontalen Achse wird der **Verhandlungsfortschritt** auf der Sachebene mit Hilfe von sieben logisch aufeinander folgenden Stufen dargestellt. Dieser inneren Logik folgt eine Verhandlung in der Regel nicht eins zu eins, da jede Verhandlung eine eigene Dynamik entwickelt und sich häufig sprunghaft bewegt.

Auf der vertikalen Achse sind **vier Prozessebenen** übereinander liegend angeordnet. Um im Verhandlungsprozess auf einer der Ebenen erfolgreich voranzukommen, dürfen auf den darunter liegenden Ebenen keine ungelösten Konflikte vorhanden sein.

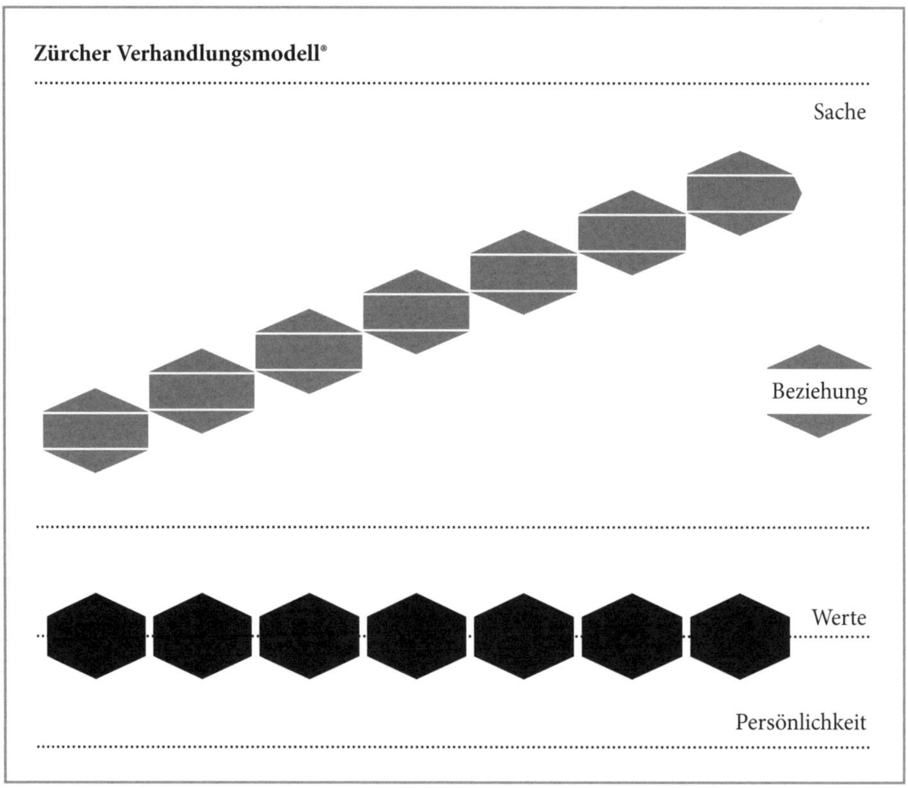

Abb. 6 Die Grundstruktur des Zürcher Verhandlungsmodells

Bei den auf der vertikalen Achse angeordneten Ebenen handelt es sich um die vier miteinander verbundenen Ebenen Sache, Beziehung, Werte und Persönlichkeit.

1. **Sachebene** (oberste Ebene): Auf dieser Ebene geht es um den Verhandlungsgegenstand und die Erarbeitung möglicher Lösungen auf der Basis der Interessen der beteiligten Parteien. Sachfragen werden auf dieser Ebene **transparent,** effizient und lösungsorientiert angegangen.

2. **Beziehungsebene:** Die Beziehungsebene wird in den Verhandlungsprozess mit einbezogen, weil Verhandeln maßgeblich ein Beziehungsgeschehen ist und gegenseitiges **Vertrauen** darüber entscheidet, ob in der Sache eine für beide Parteien optimale Lösung gefunden werden kann.

3. **Werteebene:** Die Dynamik einer Verhandlung ist von bestimmten Werthaltungen der Teilnehmenden geprägt, welche wiederum von deren Persönlichkeit bestimmt sind. Diese individuellen Werthaltungen der Parteien bewirken in ihrem Zusammenspiel bestimmte Verhandlungsdynamiken (Win-Win/Win-Lose usw.), wobei eine **wertschätzende Grundhaltung** die zentrale Grundvoraussetzung für das Zustandekommen einer Win-Win-Dynamik darstellt.

4. **Persönlichkeitsebene** (unterste Ebene): Das Zürcher Verhandlungsmodell berücksichtigt zudem, dass immer Menschen am Verhandlungstisch sitzen, deren Persönlichkeiten – verstanden als individuelle Verhaltensmuster, Prägungen, Gedanken und Gefühle, die es einer Person ermöglichen, sich einer Vielzahl von unterschiedlichen Lebenssituationen anzupassen – die Verhandlungsdynamik maßgeblich beeinflussen. Als Grundsatz auf der Persönlichkeitsebene gilt, dass die **Integrität** des Einzelnen gewahrt wird.

In Verhandlungs- und Konfliktsituationen bilden die vier Ebenen den Schlüssel zur Analyse, wo man sich aktuell im Verhandlungsprozess befindet. Diese Verortung kann aufzeigen, wie man auf der jeweiligen Ebene mögliche Hindernisse überwindet, wie man gemeinsam einen konstruktiven Umgang mit Konflikten finden und das Führen von Win-Win-Verhandlungen ermöglichen kann.

Wie oben erwähnt, steht der vertikalen Achse eine horizontale Achse gegenüber. Auf dieser Achse manifestiert sich der Verhandlungsfortschritt, der sich in insgesamt sieben Stufen unterteilen lässt, von der Vorbereitung und dem Einstieg in die Verhandlung bis hin zur Vereinbarung, der Auswertung und der Umsetzung des Verhandlungsergebnisses. Auf jeder Stufe nimmt jeweils einer der sieben Grundwerte, die das Modell als zentrale Orientierungspunkte im Verhandlungsprozess definieren, einen zentralen Raum ein. Vom jeweiligen Grundwert lassen sich Handlungsoptionen ableiten, die den Verhandlungsprozess bewusst und strukturiert in Richtung Mehrwertlösung steuern.

Die untenstehende Grafik zeigt, wie sich das Zürcher Verhandlungsmodell im Überblick präsentiert. Damit lassen sich Verhandlungen und Konflikte konkret analysieren, strukturieren, lösen und reflektieren.

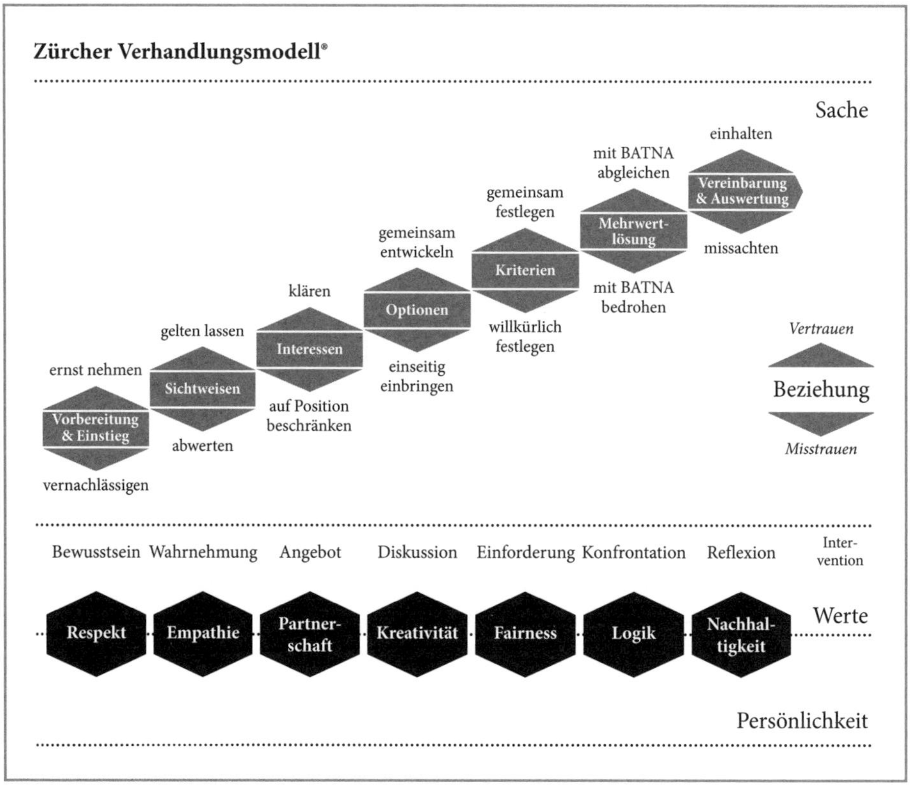

Abb. 7 Das Zürcher Verhandlungsmodell

8 Die Bedeutung von Werten und Persönlichkeit

Die Dynamik einer Verhandlung wird, wie wir im vorangehenden Kapitel gesehen haben, nicht nur beeinflusst vom Inhalt der Verhandlung, den Interessen der verhandelnden Parteien und den Rahmenbedingungen, unter denen die Verhandlung stattfindet. Wird eine nachhaltige Mehrwertlösung angestrebt, müssen gemäß Zürcher Verhandlungsmodell die von Mary Parker Follett beschriebenen und im Harvard-Konzept aufgegriffenen Prinzipien der interessenbasierten Konfliktlösung durch eine wertebasierte und wertschätzende Grundhaltung ergänzt werden. Dies umso mehr, als die Wertehaltung der Verhandlungspartner darüber entscheidet, ob das für eine Win-Win-Dynamik erforderliche Vertrauen entsteht. Was aber passiert genau auf der Ebene der Werte? Von welchen Werten sprechen wir in diesem Zusammenhang? Welchen Einfluss hat dabei die Persönlichkeit der Verhandelnden und wie spielen Persönlichkeit, Werte, Beziehung und Sache zusammen?

> *Die Persönlichkeit zeigt sich in den Werten. Deshalb sind Werthaltungen für den Verhandlungsprozess zentral.*

8.1 Die sieben Grundwerte

Meine Erfahrungen mit Verhandlungen haben mir gezeigt, dass bestimmte Werte unabhängig von diversen persönlichen und kulturellen Unterschieden eingebracht oder vom Gegenüber eingefordert werden können. Das Modell arbeitet mit sieben Grundwerten, die weiter unten im Detail ausgeführt werden. Sie umfassen Respekt, Empathie, Partnerschaft, Kreativität, Fairness, Logik und Nachhaltigkeit und sind wesentliche Merkmale der Persönlichkeit. Wenngleich nicht alle Menschen jedem der sieben Grundwerte die gleiche Bedeutung zumessen, können wir doch davon ausgehen, dass jeder Mensch auf mindestens einen der Grundwerte anspricht.

Die sieben Grundwerte des Zürcher Verhandlungsmodells konkretisieren das Grundprinzip der gegenseitigen **Wertschätzung.** Im Verhandlungsprozess sind sie für das konstruktive Voranschreiten des Verhandlungsprozesses unabdingbar, da sie den Verhandlungspartnern als Orientierungspunkte dienen und emotionale Resonanz erzeugen. Die Wertorientierungen der Verhandlungsteilnehmenden sind gleichzeitig wesentliche Merkmale der Persönlichkeit und tragen zur Verhandlungsdynamik bei, die durch das Aufeinandertreffen von unterschiedlichen Persönlichkeiten entsteht. Letztlich ermöglichen erst die sieben Grundwerte den wertschöpfenden Verhandlungsprozess in Richtung Win-Win-Lösung, indem sie

- gewährleisten, dass die Verhandlungsparteien sich mit Wertschätzung begegnen und konsequent das Prinzip des wertschätzenden Verhandelns (Appreciative Negotiating) einhalten,
- sicherstellen, dass sich die Verhandlungsparteien integer verhalten und
- dafür sorgen, dass der Verhandlungsprozess auf gleicher Augenhöhe stattfindet.

Die sieben Grundwerte kommen grundsätzlich im gesamten Verhandlungsprozess zum Zug. Auf den verschiedenen Prozessstufen sind gewisse Werte jedoch bedeutsamer als auf anderen. In gewissen Situationen bedürfen sie besonderer Aufmerksamkeit und müssen, sofern notwendig, auch aktiv angesprochen und bei Bedarf eingefordert werden.

- **Respekt**
  Respekt steht im Zürcher Verhandlungsmodell an erster Stelle. Im Ablauf der Verhandlung gehört Respekt bereits zur Vorbereitung und zum Einstieg in die Verhandlung, weil in dieser Phase festgelegt werden kann, wie man dem Verhandlungspartner begegnen möchte. Respekt kommt dann zum Aus-

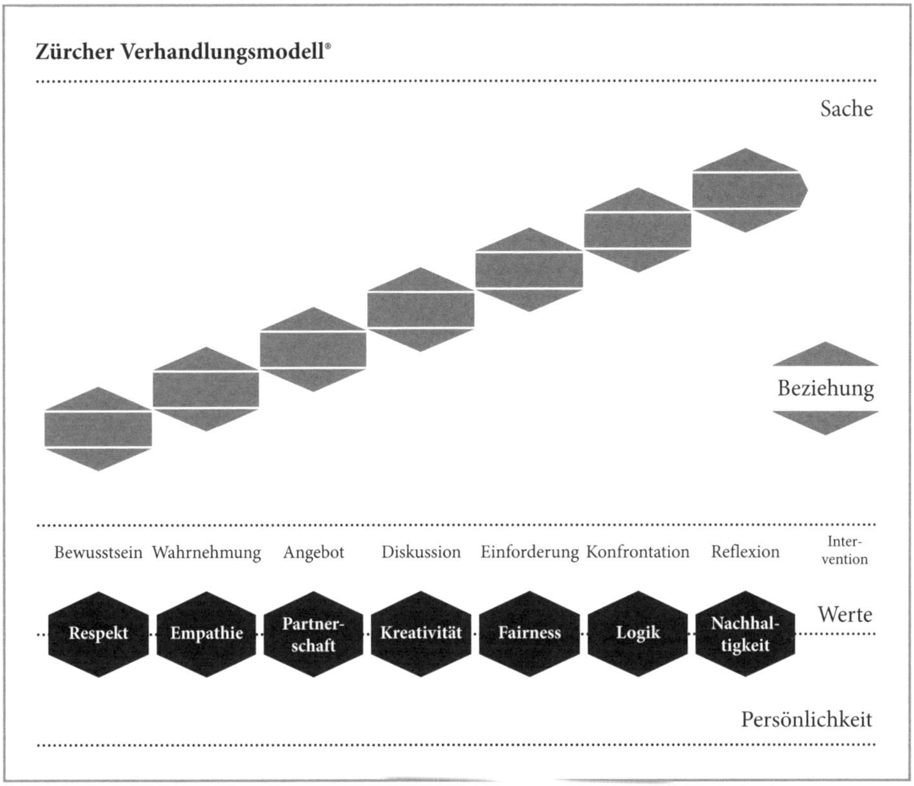

Abb. 8 Die sieben Grundwerte als Fundament der Verhandlung

druck, wenn man sein Gegenüber in seiner Andersartigkeit akzeptiert, ihm mit Achtung begegnet, seine Interessen und seine Souveränität respektiert und alles unterlässt, was zu einem Gesichtsverlust führen könnte. Ob dieser Wert vorhanden ist, lässt sich am einfachsten mit der Frage beantworten: Begegnen sich die Verhandlungsparteien auf Augenhöhe?

- **Empathie**
  Empathie ist der zweite Wert im Verhandlungsablauf, der vorhanden sein muss, damit der konstruktive Umgang mit unterschiedlichen Sichtweisen gelingt. Empathie steht für die Fähigkeit, die eigene Sicht für einen Moment zu verlassen und gedanklich in die Schuhe des Gegenübers zu schlüpfen, um die Situation aus dessen Perspektive betrachten zu können. Dieser Perspektivenwechsel bedingt Empathie. Er lässt dem Gegenüber Raum, erzeugt das Gefühl, verstanden worden zu sein, und fördert damit das Vertrauen.

- **Partnerschaft**
  Partnerschaft steht an dritter Stelle. Damit gemeint ist die Haltung, die Interessen aller Beteiligten gleichwertig zu behandeln und sie gleichermaßen in die angestrebte Lösung einzubeziehen. Gleichzeitig heißt Partnerschaftlichkeit aber auch, dass die Partner gleichermaßen von der Verhandlung profitieren sollen. Die partnerschaftliche Haltung ermöglicht es, einen Konflikt als gemeinsam zu lösendes Problem zu betrachten. Sie schafft ein Bewusstsein dafür, dass man gemeinsam stärker ist als allein. Denn das Potenzial, das in der jeweiligen Verhandlungssituation steckt, kann nur gemeinsam optimal ausgelotet und realisiert werden.

- **Kreativität**
  Kreativität steht im Modell an vierter Stelle. Damit wir vom traditionellen Verteilen des bestehenden Kuchens zu einer Vergrößerung desselben gelangen, müssen wir kreativ tätig werden; das heißt, wir erarbeiten mit Blick auf die der Verhandlung zugrunde liegenden Interessen neue kreative Lösungen. Erst der Grundwert Kreativität schafft die Basis für Win-Win-Lösungen, indem wir uns überlegen, welche weiteren Optionen – in Ergänzung zu möglicherweise bereits eingebrachten Positionen – die Interessen aller Beteiligten möglichst gut befriedigen können.

- **Fairness**
  Fairness als fünfter Grundwert in unserem Modell soll einerseits sicherstellen, dass der Verhandlungsprozess fair gestaltet wird, und andererseits, dass der gemeinsam geschaffene Mehrwert auch «gerecht» aufgeteilt wird.[52] Dabei kann es durchaus vorkommen, dass das, was in einer bestimmten Situation von einer Seite als fair erachtet wird, von der anderen ganz anders gesehen wird. Hier kann es also zu einer Subverhandlung kommen, in der wir ausloten, wie wir den gemeinsam vergrößerten Kuchen so aufteilen, dass alle Beteiligten die Aufteilung als fair respektive gerecht empfinden.

- **Logik**
  Der Grundwert Logik stellt im Zürcher Verhandlungsmodell als sechster Wert sicher, dass man keine zweitklassigen Verhandlungsabschlüsse tätigt. Hier gilt der Grundsatz: Die verhandelnden Parteien stimmen einem Konsens im Sinne einer gemeinsam erarbeiteten Mehrwertlösung nur zu, sofern sich dieser – unter Berücksichtigung aller Interessen – als besser als die BATNA (Best Alternative to a Negotiated Agreement) erweist. Alles andere wäre unlogisch und würde keinen Sinn ergeben.

- **Nachhaltigkeit**
  Der Grundwert Nachhaltigkeit, der im Modell an siebter Stelle steht, richtet den Blick auf den Zeitraum nach dem Verhandlungsabschluss und dessen Umsetzung. Hier gilt «Nach der Verhandlung ist vor der Verhandlung»: Da die Vereinbarung erst nach dem Abschluss umgesetzt werden kann, bleibt die Beziehung zwischen den Verhandelnden zumindest in diesem Zeitraum noch weiter bestehen, und es können gegebenenfalls weitere Verhandlungsthemen auftauchen. Damit die Vereinbarung umgesetzt wird, muss diese auch zu einem späteren Zeitpunkt Bestand haben und somit der Nachhaltigkeit genügen.

Die Umsetzung aller sieben Grundwerte im Verhandlungsprozess bildet die Voraussetzung zum Erreichen einer Win-Win-Situation. Für einen optimalen Verhandlungsablauf, der auf Problemlösung durch tiefgreifende Kooperation ausgerichtet ist und auf die Schaffung von Mehrwert zielt, muss der hier vorgestellte **Wertekanon** intakt sein. Wird einer dieser Werte verletzt, kippt die Situation auf Win-Lose oder Lose-Win; schlimmstenfalls mündet sie in eine Lose-Lose-Situation. Wenn in einer Verhandlung eine Partei versucht, sich einseitig Vorteile zu verschaffen, bietet uns das Modell verschiedene Handlungsoptionen auf der Werteebene, mit denen wir bei der anderen Seite gezielt an diese Werte appellieren können, indem wir eine **Werteintervention** in die Verhandlung einbringen. Auf diese Weise können wir versuchen, das Gegenüber und uns selbst wieder auf Augenhöhe zu bringen und den Verhandlungsprozess in Richtung Win-Win-Lösung zu beeinflussen. Dies kann beispielsweise dann nötig werden, wenn die andere Partei versucht, ihre Macht gegen uns auszuspielen.

▶ Ein Einkaufsleiter aus den Niederlanden suchte für sein Beschaffungsteam ein Verhandlungstraining und trat deshalb mit mir in Kontakt. Er rief mich an und teilte mir sämtliche Informationen mit, damit ich mir ein Bild machen konnte, welches Training für sein Team das Richtige wäre. Anschließend bat er mich um ein Angebot. «Wie läuft bei Ihnen der Entscheidungsprozess ab?», wollte ich noch wissen. Er habe noch einen weiteren Anbieter aus Holland angefragt, sagte er ganz offen. Wer am Ende beauftragt wird, entscheide die Geschäftsleitung. Daraufhin bestätigte ich, ihm per E-Mail ein Angebot zukommen zu lassen, was ich jedoch bereits in dem Moment bereute, als ich den Telefonhörer auflegte. Schon während des Telefonats hatte ich bemerkt, dass sich der Einkaufsleiter eher in einer «Win-Lose-Gedankenwelt» bewegte. Nun sorgte ich mich, dass, sobald ich ihm ein Angebot zukommen ließe, er mir zurückmelden würde: «Tut mir leid, Herr Bullinger, die anderen waren günstiger.»

Also entschied ich, ihm kein Angebot zu unterbreiten. Stattdessen schrieb ich ihm eine E-Mail, in der ich ihn fragte, ob er es sich grundsätzlich vorstellen könne, in dieser preislichen Größenordnung mit uns zusammenzuarbeiten. Wir hatten am Telefon bereits über Preise gesprochen. Dies bejahte der Einkaufsleiter. Gleichzeitig betonte er, dass er ein Budgetproblem habe und aus diesem Grund nur die Hälfte meines aufgerufenen Preises zahlen könne. Ein derartiges Entgegenkommen sei nicht möglich, gab ich ihm zu verstehen; dabei argumentierte ich mit meinen Interessen (Preisstabilität, Positionierung unserer Dienstleistungen im Markt, Gleichbehandlung der Kunden) und machte ihm einen Gegenvorschlag in Form eines zeitlich kürzer angesetzten Trainings. Diese Option akzeptierte der Einkaufsleiter jedoch nicht. Er machte mir einen Gegen-Gegenvorschlag und so weiter. Was mir auffiel: Entweder waren seine Vorschläge einseitig zu seinen Gunsten ausgelegt, oder aber er baute irgendwo eine «Falle» ein in Form einer Option, die er dann später zu seinen Gunsten würde nutzen können. Diese Fallen entschärfte ich jedes Mal. Ich kann mir vorstellen, was Sie jetzt denken: «Wie will man sich mit so jemandem einig werden?»

Einig wurde ich mit einem Werteangebot oder in diesem Fall: einer Werteintervention. Ab der dritten E-Mail baute ich diese Werteintervention immer wieder in meine E-Mails ein. Konkret lautete sie: «Es würde mich freuen, wenn es uns gelingen würde, eine partnerschaftliche Geschäftsbeziehung aufzubauen.» Der Wert, auf den ich anspielte, war Partnerschaft. Insgesamt schrieben wir uns bestimmt 20 E-Mails hin und her, und am Schluss kamen wir tatsächlich zusammen, obwohl wir kein gemeinsames Brainstorming machten, sondern die Optionen einzeln hin und her schickten und an diesen jeweils arbeiteten.

Wie wir das Problem lösten? Der Einkaufsleiter wollte sein Team, bestehend aus 18 Teilnehmerinnen und Teilnehmern, drei Tage lang von uns trainieren lassen. Für einen einzelnen Verhandlungstrainer war die Gruppe wegen des aufwendig gestalteten Trainings inklusive Praxisübungen und Videoaufzeichnungen zu groß, wir würden also zwei Verhandlungstrainer benötigen, erklärte ich ihm. Gemeinsam fanden wir die kreative Lösung, das Training am ersten Tag nur mit einem Trainer durchzuführen, mit der Einschränkung, dass nur Inhalte vermittelt und Übungen eingesetzt wurden, die ein Trainer allein bewältigen kann. Erst am zweiten und dritten Tag kam der zweite Trainer hinzu, um das Verhandlungstraining zu vertiefen. Dadurch sparte der Einkaufsleiter einen Trainertag ein, gleichzeitig musste ich die Preise nicht nachlassen.

Das entscheidende Erfolgskriterium bei dieser Geschäftsanbahnung war jedoch die Werteintervention. Dass sie gewirkt hatte, bemerkte ich, als ich in seiner letzten E-Mail mit der Zusage des Auftrags den Satz las: «Ich freue mich ebenfalls auf die partnerschaftliche Zusammenarbeit!»

Was vermutlich auch zur Einigung beitrug, war seine Meinung über meine Verhandlungsmethode. Es habe ihn beeindruckt, wie ich mit ihm verhandelt hätte, sagte er bei unserem Vorbereitungstreffen in Amsterdam. ◀

8.2 Integrität und die sieben Grundwerte als Bezugsrahmen der Persönlichkeit

In meiner langjährigen Tätigkeit als Verhandlungsexperte wurde mir bewusst, dass die eigene Persönlichkeit und die des Gegenübers – sprich: das, was die am Verhandlungstisch sitzenden Menschen ausmacht – einen wesentlichen Beitrag dazu leisten, wie eine Verhandlung verläuft und wie das Ergebnis aussehen wird. Sichtbar wird das in Verhandlungstrainings: Wenn wir eine identische Übung in mehreren Gruppen durchführen, in der alle Teilnehmenden sich dem gleichen Sachproblem widmen und über die gleichen Informationen und die gleiche Ausgangslage verfügen, sind Verhandlungsergebnisse, Verhandlungsdynamik, Zeitbedarf sowie Zufriedenheit mit dem Ergebnis immer unterschiedlich. Dafür verantwortlich sind die Persönlichkeiten und Wertehaltungen der beteiligten Menschen sowie die Dynamik, die dadurch zwischen den Personen entsteht. Im Verhandlungskontext ist es deshalb unerlässlich, sich der Tatsache bewusst zu sein, dass das Aufeinandertreffen von zwei Personen mit ihren unterschiedlichen Persönlichkeiten einen großen Einfluss auf die Verhandlung und deren Dynamik hat.

Unter dem Begriff «Persönlichkeit» verstehen wir im Zürcher Verhandlungsmodell das Zusammenspiel des Grundcharakters, der kulturellen und sozialen Prägungen sowie des Erfahrungshintergrunds einer Person, die in ihrer Summe dem Einzelnen dazu dienen, sich an veränderte Lebenssituationen anzupassen. Dieses Verständnis folgt der Definition von Persönlichkeit durch Lawrence Pervin: «Persönlichkeit ist die komplexe Organisation von Kognitionen, Affekten und Verhaltensweisen, die dem Leben einer Person Richtung und Muster (Kohärenz) gibt. Wie der Körper besteht die Persönlichkeit sowohl aus Strukturen als auch aus Prozessen und spiegelt sowohl die Natur (Gene) als auch die Erziehung (Erfahrungen) wider. Darüber hinaus umfasst die Persönlichkeit die Auswirkungen der Vergangenheit, einschließlich der Erinnerungen an die Vergangenheit, sowie die Konstruktionen der Gegenwart und der Zukunft».[53]

Die Persönlichkeit wird im direkten Kontakt mit anderen Menschen insbesondere über die an den Tag gelegten Verhaltensweisen erfahrbar. Wenn wir die komplexe Dynamik beim Aufeinandertreffen unterschiedlicher Persönlichkeiten in einer Verhandlung besser verstehen und für den Prozess nutzbar machen wollen, gelingt uns das am ehesten, wenn wir bei der Verhaltensweise ansetzen. Die Verhaltensweise resultiert insbesondere aus den beiden folgenden Aspekten:

- Integrität: Wertepriorisierung und Wertekongruenz
- Prägungen: Sozialisation, kulturelle Einflüsse, Erfahrungen etc.

Dabei ist für die Verhandlungsdynamik das in die Verhandlung eingebrachte Verteilverhalten von großer Bedeutung: Wie verhält sich jemand, wenn es darum geht, etwas zu verteilen? Dies ist besonders dann problematisch, wenn jemand versucht, eine einseitige Verteilung anzustreben. Da wir die Prägungen einer Person nicht direkt beeinflussen können, setzt das Zürcher Verhandlungsmodell bei der **Wertepriorisierung** und dem **Verteilverhalten** an.

8.3 Wertepriorisierung

Bei der Wertepriorisierung geht es darum, dass wir uns mit unserer eigenen Persönlichkeit beschäftigen und erkennen, welche Werte für uns zentral sind. Da wir in einer 1:1-Verhandlung mit unserer Persönlichkeit die Verhandlung im gleichen Maße wie das Gegenüber bestimmen, ist ein besseres Selbstverständnis bereits die halbe Miete. Für die Einschätzung und Visualisierung bietet sich das

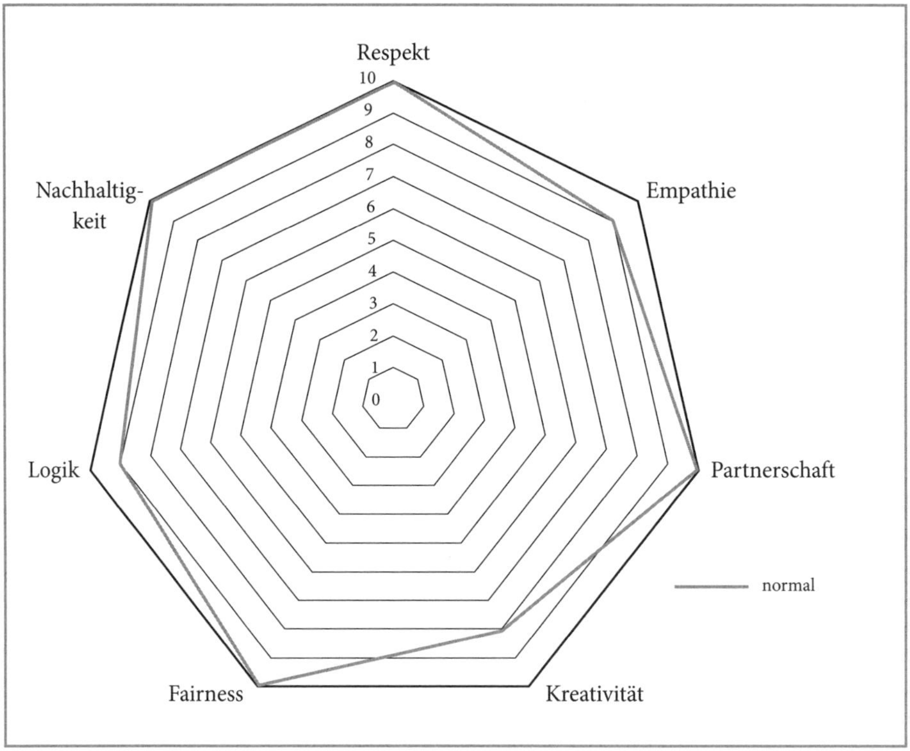

Abb. 9 Spider-Modell zur Ausprägung der Persönlichkeitsmerkmale

Spider-Modell an, um das persönliche Verhältnis zu den sieben Grundwerten des Zürcher Verhandlungsmodells zu reflektieren. Welche Werte sind für uns persönlich besonders wichtig, welche priorisieren wir weniger stark?

Die hier abgebildete Spidergrafik zeigt eine Wertepriorisierung, die auf Basis einer Selbsteinschätzung von Person X erarbeitet wurde. Die Person wurde aufgefordert, jedem der sieben Grundwerte eine Bedeutung zuzuweisen auf einer Skala von 1 (= unwichtig) bis 10 (= sehr wichtig). Die betreffende Person wählte mit der höchsten Priorisierung die vier Werte Respekt, Partnerschaft, Fairness und Nachhaltigkeit. Mit dem Spider-Modell zur Selbsteinschätzung der Wertepriorisierung geht es darum, sich selbst besser kennenzulernen und die eigenen Stärken und Schwächen nutzbringend in eine Verhandlung einzubringen.

Das Zürcher Verhandlungsmodell grenzt sich bewusst von Persönlichkeitsmodellen ab, welche die Beteiligten in Verhandlungs- oder Persönlichkeitstypen einzuordnen versuchen. Denn diese verführen oft zur Annahme, wir bekämen ein Werkzeug an die Hand, das uns erlaubt, den Verhandlungspartner besser einzuschätzen, seine Beweggründe und Schwächen offenzulegen und sich dadurch Vorteile zu verschaffen. Zum einen geht der Wunsch, das Gegenüber analysieren zu können und sich daraus Vorteile zu verschaffen, mit einer Win-Lose-Haltung einher. Dies widerspricht dem Verhandlungsansatz des Zürcher Verhandlungsmodells grundsätzlich und sollte nicht noch durch risikobehaftete Analyseinstrumente gefördert werden. Zum anderen laufen wir so Gefahr, das Gegenüber in eine Schublade zu stecken und dadurch möglicherweise falsch einzuschätzen.

8.4 Verteilverhalten

Alle Prägungen wie Sozialisation, Erfahrungen, kulturelle Einflüsse etc. sind im Verhandlungskontext insbesondere über das **Verteilverhalten** wirksam, das die beteiligten Personen an den Tag legen. Das Verteilverhalten beeinflusst die Beziehungsdynamik sowie das Verteilergebnis. Dabei unterscheiden wir die für den Verhandlungsprozess und dessen Dynamik ausschlaggebenden Ausprägungen zwischen einem «**fordernden**» und einem «**nachgiebigen**» Verteilverhalten. Dieses gilt es, in der jeweiligen Situation zu erkennen und – wenn erforderlich – die Verhandlungsdynamik auf Basis der Werte in Richtung Win-Win-Lösung zu steuern.

Das Verteilverhalten kann in spezifischen Situationen gefördert oder gehemmt werden, beispielsweise durch die Machtposition der verhandelnden Person, also durch den längeren oder kürzeren Hebel, an dem sie sitzt. Wenn sich zwei Verhandlungspartner nun lediglich auf die Verhandlungssache und die Machtverteilung untereinander konzentrieren, entwickeln sich ihre Verteilverhalten in der Regel komplementär. Entsprechend der Dynamik des Gebens und Nehmens resultiert daraus ein forderndes und ein nachgiebiges Verhalten. Entscheidend sind nicht die verschiedenen Persönlichkeitsmerkmale, sondern lediglich, wie fordernd oder nachgiebig die Verhandelnden damit auftreten. Wer mehr fordernde Eigenschaften ins Spiel brächte, «gewinnt», wer mehr nachgiebige Aspekte zeigt, «verliert».

Jeder Mensch trägt allerdings Voraussetzungen sowohl für ein forderndes wie auch für ein nachgiebiges Verhalten in sich. Weder ist das Verhalten fix gegeben, noch verhalten sich Menschen in jeder Verhandlung gleich fordernd oder gleich nachgiebig. Zudem sind die Machtverhältnisse in jeder Verhandlung anders. Je nach Verhalten, das unser Gegenüber an den Tag legt, kommen darum bei uns die entsprechenden, oft komplementären Eigenschaften stärker oder schwächer zum Tragen – sozusagen als Ausgleich oder Anpassung. Dies bedeutet nicht nur, dass eine in der Regel fordernd auftretende Persönlichkeit in einer Verhandlung mit einem noch stärker fordernden Gegenüber in die nachgiebige Position gezwungen wird. Es bedeutet auch, dass die zutage tretenden Verhaltensweisen von den Verhandelnden bis zu einem gewissen Grad gestaltbar und über Grundhaltung und Werte der Verhandelnden beeinflussbar sind.

Diese Erkenntnisse passen zu Studien, die zeigen, dass das Verhalten von Personen in einer konkreten Situation nicht immer in völliger Übereinstimmung mit der Ausprägung ihrer Persönlichkeitsmerkmale ist.[54] Die jeweilige Situation beeinflusst das Verhalten der Personen ebenfalls. Um das Verhalten einer Person, also ihren Persönlichkeitsstil, in Abhängigkeit von einer Situation zu erfassen und die Auswirkungen dieser Situation auf den Umgang mit den sieben Grundwerten zu beleuchten, erweitern wir in unseren Trainings das Spider-Modell, indem wir unterscheiden zwischen der Bedeutung des Grundwerts unter normalen Bedingungen, in Situationen, in denen die Person selbst Druck ausübt, und in Situationen, in denen die Person mit Druck von Seiten der Verhandlungspartner konfrontiert wird. Druck (ausübend oder empfangend) ist eine entscheidende Variable in Bezug auf die Stabilität eines persönlichen Werts – und damit ein entscheidender Faktor für das Eintreten einer Win-Lose-Dynamik, der wir bewusst entgegenwirken wollen.

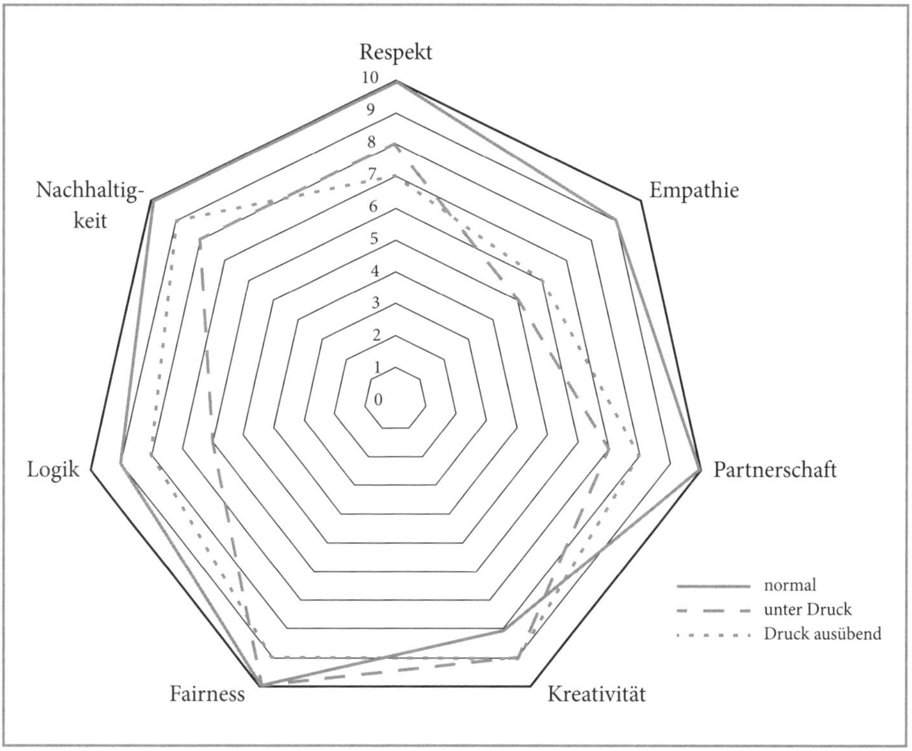

Abb. 10 Die Ausprägung der Persönlichkeitsmerkmale verändert sich mit den Druckverhältnissen

Die in unseren Trainings verwendete Visualisierung im Spider-Modell macht deutlich, dass, basierend auf der Selbsteinschätzung von Person X, der Grundwert Partnerschaft unter normalen Bedingungen maximal ausgeprägt ist (Skala: 10); wenn sie selbst Druck ausübt, sinkt die Bedeutung der Partnerschaft hingegen (Skala: 8); wenn sie selbst mit Druck konfrontiert wird, verringert sich der Wert nochmals (Skala: 7). Noch ausgeprägter gestaltet sich die Situation beim Wert Empathie, der unter Druck massiv sinkt (Skala: 9 unter normalen Bedingungen; Skala: 5 unter Druck stehend). Anders verhält sich Person X im Hinblick auf Kreativität. Unter normalen Bedingungen weist Person X dem Wert Kreativität eine relativ hohe, aber nicht die maximale Bedeutung zu (Skala: 8).

Wird Person X jedoch selbst mit Druck konfrontiert oder übt Druck auf das Gegenüber aus, gewinnt dieser Wert deutlich an Relevanz (Skala: 9). Bei einer anderen Person mit abweichendem Persönlichkeitsstil könnte der Wert Kreativität unter Druck auch an Bedeutung verlieren, beispielsweise zugunsten von Logik.

Ob jemand Druck ausübt oder sich Druck unterwirft, zeigt sich in der zwischenmenschlichen Dynamik als eher forderndes oder eher nachgiebiges Verhalten.

▶ Ein Bekannter erzählte mir, dass er kürzlich das teuerste Mittagessen seines Lebens gehabt habe. Als ich ihn fragte, wo er denn gewesen sei, meinte er, dass es nichts mit dem Lokal zu tun habe, sondern mit dem, was dort passiert sei. Es ging um einen Deal im knapp zweistelligen Millionenbereich, zu dem alles bereits im Vorfeld verhandelt worden war und der anlässlich des Mittagessens einfach noch formell abgeschlossen werden sollte.

Während des Essens meinte sein Verhandlungspartner, dass er die Zahlen nochmals geprüft habe und zum Schluss gekommen sei, dass er einen um eine halbe Million Franken höheren Preis abrufen müsste. Mein Bekannter wollte den Deal nicht gefährden und stimmte dem höheren Preis spontan zu.

Da ihn seine Zusage im Nachgang wurmte, fragte er mich, wie er hätte reagieren können. Ich antwortete ihm, dass er mindestens hätte vorbringen können, dass er sich das überlegen müsse. Und dann hätte er mich – oder sonst jemanden – anrufen können, um die Situation zu schildern. Meine Antwort zielte darauf ab, dass er sich hätte Zeit verschaffen sollen, um sich die Forderung wie auch eine geeignete Reaktion darauf gründlich zu überlegen.

Wenn Sie überraschend in eine Verhandlung und unter Druck geraten und realisieren, dass Sie nicht ausreichend dafür vorbereitet sind, – verschaffen Sie sich Zeit – es könnte Sie sonst eine halbe Million kosten. ◀

Auch hier ist je nach Situation forderndes respektive nachgiebiges Verhalten ein variables Persönlichkeitsmerkmal. Es kann sein, dass Person A gegenüber Person B dominant auftritt, sich jedoch gegenüber Person C nachgiebig verhält. Ein verändertes Verhalten kann auch durch die Situation, den Kontext oder andere Faktoren beeinflusst werden, beispielsweise kann es sein, dass sich jemand in der Öffentlichkeit weniger dominant verhält als im privaten Umfeld.

Die Wertepriorisierung sowie die Ausprägung der Persönlichkeit im Hinblick auf dominante oder nachgiebige Verhaltensmuster beeinflussen die Verhandlungsdynamik und bestimmen darüber, ob beim Aufeinandertreffen mit der Persönlichkeit des Gegenübers eher eine Win-Win- oder eine Win-Lose-Dynamik entstehen wird.

Diese variablen Verhaltensmuster sind also dafür verantwortlich, inwiefern die Stabilität unserer Werte und damit die Integrität gewährleistet bleibt. Es kann sein, dass eine Person in einer schwierigen Situation die eigene, im Grunde nicht verhandelbare Integrität dennoch «untergräbt» und bestimmte, für sie selbst wichtige Werte temporär missachtet. Das Wissen um solche Schwächen kann helfen, dieses Verhalten zu korrigieren, sodass die Integrität **möglichst durch-**

gängig gewahrt bleibt. Ziel ist es, die Integrität so rasch wie möglich wiederherzustellen.

Wenn ich meinen eigenen, nicht verhandelbaren Werten treu bleiben möchte, muss ich deren Einhaltung sowohl bei mir selbst als auch beim Gegenüber immer wieder überprüfen.

Eine solche Analyse der individuellen Priorisierung der sieben Grundwerte in unterschiedlichen Verhandlungssituationen ermöglicht uns eine Auseinandersetzung mit uns selbst als Verhandelnden und unterstützt den Lernprozess, indem wir ein Bewusstsein dafür schaffen, wie wir selbst «ticken» – ein lebenslanger Prozess in Richtung besserer Selbstkenntnis und dadurch oft hin zu einer besseren Verhandlungsführung.

Wie aber gelingt es ganz konkret, ein «forderndes» oder «nachgiebiges» Verteilverhalten zu durchbrechen? Schließlich entstehen diese Dynamiken oftmals bereits sehr früh im Verhandlungsablauf, nicht selten existieren sie schon vor der Verhandlung in den Köpfen der Beteiligten. Einen Ansatz liefern die nachfolgenden Ausführungen.

8.5 Erschließung des Mehrwertpotenzials

Ein erster Schritt, im Verhandlungsprozess die Win-Lose-Dynamik zu durchbrechen und die Verhandelnden zu einer Dynamik in Richtung Mehrwertlösung zu motivieren, besteht darin, zu erkennen, inwiefern die aktuelle Situation bereits eine Win-Lose-Dynamik hat. «Win»-Verhalten lässt sich in der Regel den Verhandlungseigenschaften in der linken Spalte der Tabelle zuordnen.

Win-Lose-Verhalten	Lose-Win-Verhalten
einschüchternd	unterwürfig
abwertend	leichtgläubig
herabsetzend	bescheiden
verbissen	selbstlos
streitsüchtig	ängstlich
diktatorisch	konfliktscheu
ungeduldig	gehemmt
rücksichtslos	resigniert
gierig	verzagt
überwältigend	wehrlos
manipulierend	selbstaufopfernd
überpräsent	ausweichend
…	…

Aus diesen Eigenschaften resultiert ein forderndes Verhalten, das im Ergebnis auf Gewinnen zielt. «Lose»-Verhalten lässt sich an den Eigenschaften in der rechten Spalte festmachen. Daraus resultiert ein nachgiebiges Verhalten, das auf Verlieren ausgerichtet ist. Der Mehrwert ist für beide Parteien gleich null, der Kuchen wird lediglich verteilt.

Das Erkennen der Win-Lose-Dynamik ist die Voraussetzung für den zweiten Schritt in Richtung Mehrwertlösung. Auch wenn man nicht davon ausgehen kann, dass der Verhandlungspartner ohne Weiteres von seiner Win-Lose-Strategie abrücken wird, kann man sich bewusst für die Auslotung des Mehrwertpotenzials entscheiden und in einem zweiten Schritt aktiv darauf hinwirken, dass sich die Win-Lose-Dynamik in eine Win-Win-Dynamik verwandelt. Wenn es gelingt, sich mit dem Verhandlungspartner auf bestimmte Grundwerte zu einigen, ist die Grundlage für eine Zusammenarbeit auf Augenhöhe gegeben. An die Stelle des Forderns und Nachgebens tritt die Grundhaltung der Wertschätzung für sich selbst und für das Gegenüber.

Das hier beschriebene Vorgehen kann auf jeder Stufe im Verhandlungsprozess angewendet werden. Die Diskussion der Grundwerte ist immer dann hilfreich, wenn die Win-Win-Dynamik gefördert werden soll oder wenn die Verhandlung in eine Win-Lose-Dynamik zu kippen droht beziehungsweise bereits gekippt ist. Denn über die sieben Grundwerte kann die Grundlage für die Erschließung des Mehrwertpotenzials eines Verhandlungsgegenstands gelegt und eine Mehrwertlösung erarbeitet werden.

Wer eine Win-Lose-Strategie verfolgt, benötigt Tricks und manipulative Taktiken, um ein einseitig zu den eigenen Gunsten ausfallendes Verhandlungsergebnis herbeizuführen. In diesem Fall kann man nur hoffen, dass die Gegenseite diese Taktiken nicht auch kennt, da sie sonst wirkungslos wären. Beim Zürcher Verhandlungsmodell ist das anders – die Strategie muss nicht vor der Gegenseite versteckt werden, da sie eine (beidseitig wirksame) Win-Win-Lösung bezweckt, indem sie die Erarbeitung einer Mehrwertlösung zu Gunsten aller Parteien fördert.

Wenn beide Seiten das Modell kennen, ergeben sich – ergänzend zu den Werteinterventionen – weitere Möglichkeiten, um die Verhandlung, falls nötig, wieder in eine Win-Win-Dynamik zurückzuführen.

Konkret kann durch Aufzeigen des Modells und seiner Prozessschritte die für die Verhandlung angestrebte Vorgehensweise angesprochen und so über die Metaebene mit der anderen Seite entsprechend abgestimmt werden.

Dies kann auf verschiedene Arten erfolgen, beispielsweise indem

- ein gemeinsames Verhandlungstraining absolviert wird, bevor die eigentliche Verhandlung durchgeführt wird;
- man der Gegenseite, zu Beginn oder im Verlauf der Verhandlung, das Modell erklärt und die Zustimmung zu diesem Vorgehen einholt;
- die einzelnen Prozessschritte als Agenda-Punkte dargestellt werden. So wird das Modell implizit als gemeinsam verabschiedetes Vorgehen in die Verhandlung einfließen.

Wie eine Agenda, die den Ablauf des Zürcher Verhandlungsmodells berücksichtigt, gestaltet werden kann, ist auf Seite 100 beschrieben.

8.6 Wechselwirkungen zwischen Persönlichkeit, Werten, Beziehung und Sache

In den vorangehenden Ausführungen haben wir gezeigt, wie wichtig es ist, die Persönlichkeit der Verhandelnden und deren Wertehaltung miteinzubeziehen, wenn es um Konfliktlösungen geht. Denn die Persönlichkeit beeinflusst über die Haltung, mit der man in einer Verhandlung dem Gegenüber begegnet, unmittelbar die Werteebene. Die Werteebene wiederum beeinflusst die Beziehungsebene, die ihrerseits einen Einfluss auf die Sachebene ausübt. Der Einfluss der Ebenen aufeinander funktioniert, wie wir sehen werden, auch in die andere Richtung.

Persönlichkeit, Werte, Beziehung und Sache sind somit nicht nur verantwortlich für die Dynamik einer Verhandlung in Richtung Mehrwert, sie stehen auch in wechselseitiger Abhängigkeit zueinander. Die Wechselwirkungen zwischen den Ebenen Persönlichkeit, Werte, Beziehung und Sache lassen sich in einem Diagramm mit konzentrischen Kreisen darstellen.

Die vier Prozessebenen stehen so miteinander in Verbindung, dass sich ein Konflikt nicht nur auf einer Ebene, sondern auf mehreren Ebenen manifestieren kann. So wie ein ins Wasser geworfener Stein konzentrische, sich ausdehnende Kreise bildet, gehen wir davon aus, dass die in einer Verhandlung involvierten Persönlichkeiten die Werte-, die Beziehungs- und die Sachebene beeinflussen. Kommt es im Verlauf einer Verhandlung auf einer Ebene zu einer Störung, so wirkt sich diese in der Regel negativ auf die anderen Ebenen aus und tendiert in der Folge dazu, die Verhandlung zu behindern. Am Beispiel des Grundwerts Partnerschaft wird diese Wechselwirkung im Folgenden ausgeführt.

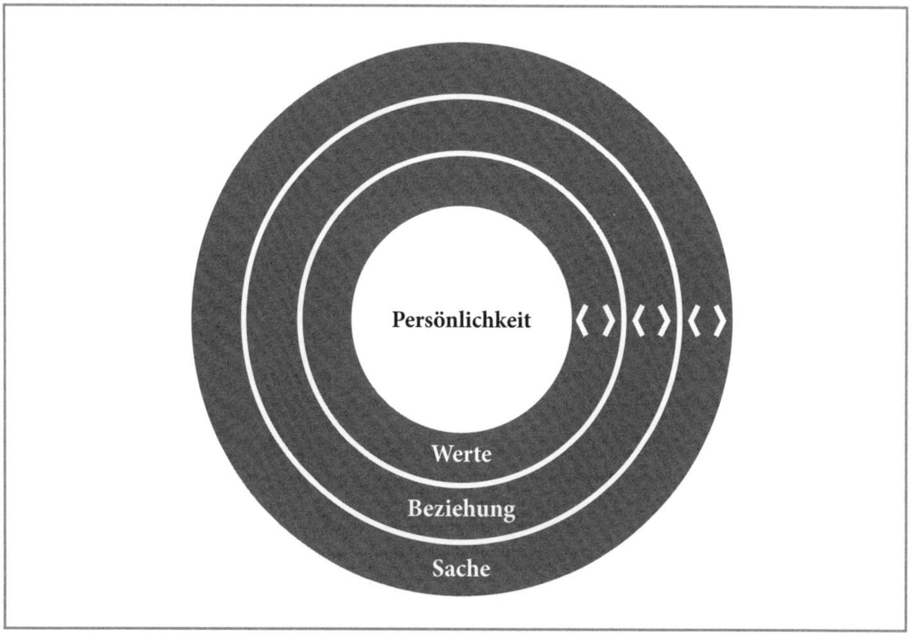

Abb. 11 Die gegenseitige Beeinflussung der Ebenen im Zürcher Verhandlungsmodell

Auf der **Ebene der Persönlichkeit** sollten wir zunächst klären, ob die individuelle Bereitschaft vorhanden ist, eine Verhandlung unter Wahrung der beidseitigen Integrität zu führen und dem Gegenüber partnerschaftlich und auf Augenhöhe zu begegnen. Ob nämlich eine partnerschaftliche Haltung gelebt wird, hängt stark von der persönlichen Disposition der Menschen ab, die an einer Verhandlung teilnehmen.

Der Versuch des Interessenausgleichs impliziert, dem Grundwert der Partnerschaft nachzukommen. Gelingt dies, so ist auch auf der **Ebene der Werte** die Basis für das Zustandekommen echter Win-Win-Lösungen gelegt. Sobald der Grundwert der Partnerschaft aber verletzt wird und wir unsere eigenen Interessen stärker gewichten oder die Interessen unseres Gegenübers sogar übergehen (das gilt umgekehrt ebenso), kippt die Verhandlungssituation in Richtung Lose-Win (oder Win-Lose).

Eine wertschätzende Haltung und der Grundwert der Partnerschaft führen dazu, dass zwischen den involvierten Parteien auf der **Beziehungsebene** Vertrauen aufgebaut werden kann. Sofern wir die eigenen Interessen, die Interessen der Gegenseite sowie die gemeinsamen Interessen partnerschaftlich klären und bei der Entwicklung von Optionen berücksichtigen, stärken wir dadurch die Beziehung. Verschleiern wir hingegen unsere Interessen oder sprechen ihnen eine ungleiche Wichtigkeit zu, läuft dies dem Grundwert der Partnerschaft zuwider. Eine Verschleierung oder der Versuch, die eigenen Interessen stärker als jene des Gegenübers zu gewichten, beeinträchtigt die Beziehung und fördert das Misstrauen.

Störungen auf der Beziehungsebene wirken sich auf der **Sachebene** negativ aus. Häufig resultieren sie in starren Forderungen: Die Verhandlungsparteien halten kompromisslos an bestimmten Positionen fest, insbesondere dann, wenn sich eine Partei unter Druck gesetzt fühlt und davon ausgehen muss, in eine Win-Lose-Situation geführt zu werden. In diesem Fall kann diese Partei nun selbst versucht sein, an ihrer Position stur festzuhalten, die andere Seite zu täuschen und eine Begegnung auf Augenhöhe zu meiden. Das heißt, dass die Sachebene nun über die Beziehungsebene wieder auf die Werteebene wirkt. Vermeiden lässt sich diese Dynamik, indem wir den Grundwert der Partnerschaft diskutieren und die Interessen, Motive, Anliegen und Befürchtungen, die hinter einem Positionsbezug stehen, offen erfragen, damit sie transparent werden und wir nach partnerschaftlichen Lösungen suchen können. Die Wechselwirkung zwischen den vier Prozessebenen besteht selbstverständlich nicht nur beim Grundwert Partnerschaft, sondern auch bei den Werten Respekt, Empathie, Kreativität, Fairness, Logik und Nachhaltigkeit.

9

In sieben Stufen zum Verhandlungserfolg

Verhandlungslösungen mit Mehrwert für alle Verhandlungspartner basieren gemäß Zürcher Verhandlungsmodell auf Integrität, Wertschätzung, Vertrauen und Transparenz. Damit diese im Verhandlungsprozess zum Tragen kommen, muss der Fokus der Verhandelnden erweitert werden; nebst der Sach- und der Beziehungsebene benötigen auch die Ebenen Werte und Persönlichkeit die Aufmerksamkeit der Parteien.

Für eine integrative, auf Win-Win-Lösungen zielende Strategie ist es nun zentral, dass auch der Verhandlungsprozess selbst aktiv gestaltet wird. Aktiv verhandeln heißt, die Prozessdynamik einerseits bewusst zu steuern und andererseits strukturiert vorzugehen. Das bedeutet, die Komplexität des Prozesses anhand eines praxisnahen Handlungsmodells so weit zu reduzieren, dass der Verhandlungsgegenstand verhandelbar wird.

Im Zürcher Verhandlungsmodell verläuft die Umsetzung dieser beiden Ziele entlang der beiden Achsen. Während die in Abschnitt 7.2 beschriebene vertikale Achse dazu dient, die verschiedenen Prozessebenen zu unterscheiden und die potenziellen Konfliktherde auf der Sach-, der Beziehungs-, der Werte- und der Persönlichkeitsebene zu verorten, lässt sich mit der horizontalen Achse unseres Modells der Verhandlungsfortschritt analytisch erfassen. Wir reduzieren also, wie wir sehen werden, die Komplexität des Verhandlungsprozesses, indem wir ihn in einzelne Stufen unterteilen. In einem zweiten Schritt können wir pro Stufe situationsbezogen Handlungsoptionen benennen und auch konkrete Werteinterventionen ins Auge fassen. Die Prozessdynamik wird auf diese Weise bewusst in Richtung Win-Win-Lösung gesteuert. Werfen wir aber zunächst einen

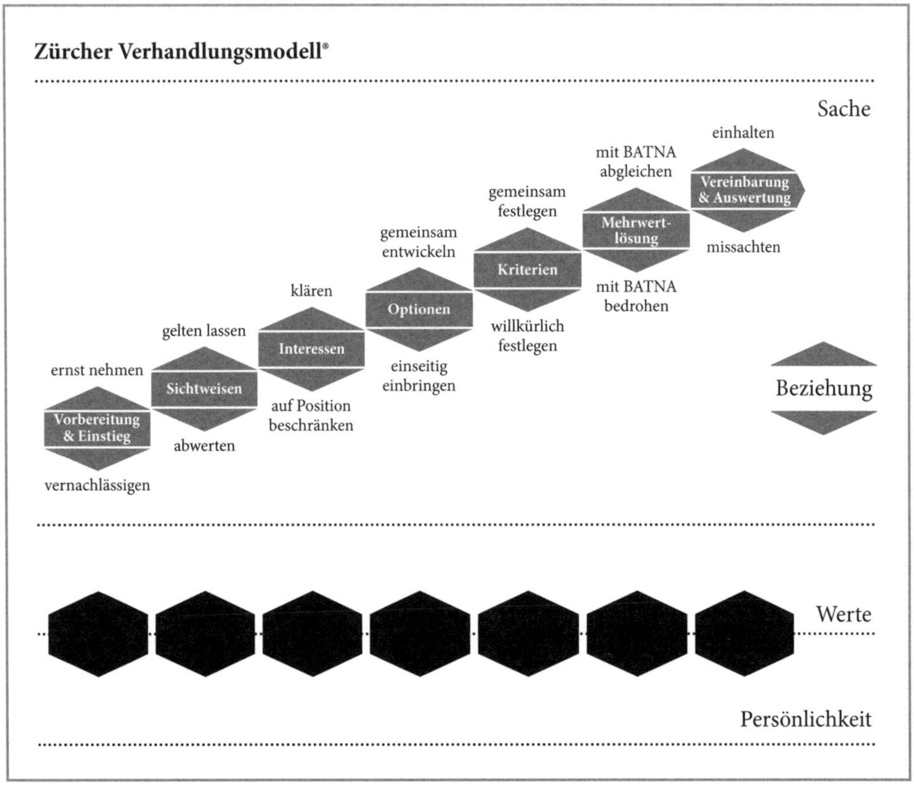

Abb. 12 Die sieben Stufen des Zürcher Verhandlungsmodells

Blick auf den ganzen Verhandlungsprozess und halten wir fest, wie sich die horizontale Achse gesamthaft ins Zürcher Verhandlungsmodell fügt und welche Mechanismen zu beobachten sind.

Im Modell manifestiert sich der Fortschritt einer Verhandlung auf der horizontalen Achse. Dabei unterscheiden wir auf der Sachebene sieben Stufen (siehe Abbildung 12). Diese Stufen sind auch als Ablaufphasen zu verstehen. In einer erfolgreich geführten Verhandlung durchlaufen wir sie in der Regel allesamt, beginnend bei der Vorbereitung und dem Einstieg bis hin zu Vereinbarung und Auswertung der Verhandlung. Die sieben Stufen bauen in diesem prozessorientierten Stufenmodell logisch aufeinander auf, stehen miteinander in Wechselwirkung und führen, sofern sie erfolgreich durchschritten werden, zu einem Verhandlungsabschluss mit einer Mehrwertlösung. Die Art und Weise, wie auf den einzelnen Stufen miteinander umgegangen wird, entscheidet darüber, ob zwischen den Verhandlungspartnern Vertrauen oder Misstrauen gefördert wird. (Siehe auch die Abbildung 4 in Abschnitt 5.3 sowie für Details die jeweiligen

«Handlungsmaximen» sowie «Verhandlungsblocker» in den Abschnitten 9.1 bis 9.7).

Auf jeder der Verhandlungsstufen sollte im Idealfall Einigkeit bestehen, bevor die Verhandlungsparteien zur nächsten Stufe schreiten. Verhandlungen folgen in ihrem spontanen Ablauf nun nicht immer exakt der Logik des Modells, indem sie alle Stufen von der ersten bis zur siebten Stufe durchlaufen. In der Bewegung des Prozesses kann es vorkommen, dass die verhandelnden Parteien eine oder mehrere Stufen überspringen. Möglich ist auch, dass die Parteien eine oder mehrere Stufen im Prozess zurückgehen müssen, um auf einer vorangehenden Stufe nachträglich aufgetauchte Fragen zu klären.

Auf jeder der sieben Stufen im Verhandlungsprozess geht es nicht nur um die Sache und die Beziehung, sondern auch um Werte und Persönlichkeit der Verhandelnden. Während das Harvard-Modell zwar ebenfalls Ablaufphasen einer Verhandlung vorsieht, aber nur die Sach- und die Beziehungsebene berücksichtigt und dabei eine klare Trennung dieser zwei Ebenen empfiehlt,[55] gehen wir davon aus, dass sich weder Sach- und Beziehungsebene noch die Werte- und die Persönlichkeitsebene komplett von den anderen Ebenen trennen lassen. In unserem Modell sind diese vier Prozessebenen immer miteinander verknüpft und beeinflussen sich zu jedem Zeitpunkt gegenseitig. Um Verhandlungen zu einem erfolgreichen Abschluss zu führen, ist deshalb auf jeder Prozessstufe **ein Grundkonsens auf allen vier Prozessebenen** erforderlich.

Für diesen Grundkonsens im Verhandlungsprozess sind die in Abschnitt 8.1 beschriebenen Grundwerte zentral. Das Modell ordnet jeder der sieben Stufen auf der vertikalen Achse der Werteebene einen der sieben Grundwerte zu. Diese geben in ihrer individuellen Ausformung spezifische Persönlichkeitsaspekte wieder. Zwar kommen sie auch auf anderen Stufen im Verhandlungsprozess zum Tragen, für die jeweilige Stufe ist Konsens über den dort verorteten Wert jedoch vorrangige Voraussetzung für eine erfolgreiche Bewältigung dieser Phase und für das Voranschreiten zur nächsten Stufe.

Aus den sieben Grundwerten lassen sich zudem auf jeder Stufe Handlungsoptionen ableiten. Sind sie positiv konnotiert, so sprechen wir von **Verhandlungsmaximen,** deren Befolgung das gegenseitige Vertrauen der Verhandlungspartner stärkt und somit die Basis für eine nachhaltige Mehrwertlösung bildet. Die Nichtbeachtung der Handlungsmaximen respektive deren Verkehrung führt zu Misstrauen und beeinflusst damit die Verhandlung negativ. Handlungen, die negativ konnotiert sind, da sie die Grundwerte einer oder beider Parteien verletzen, die Beziehung belasten und dadurch den Verhandlungsfortschritt behindern, nennen wir **Verhandlungsblocker.** Um Verhandlungsblocker aufzulösen, ist angezeigt, die auf der entsprechenden Stufe aufgeführte Verhandlungsmaxime anzuwenden. Oder anders gesagt: Die Verhandlungsmaxime ist das «Gegenmittel» zum Verhandlungsblocker auf der jeweiligen Stufe.

Sowohl die auf den sieben Stufen auszuhandelnden Fragen und Themen wie auch die für den Konsens jeweils notwendigen Grundwerte und die sich daraus ableitenden Handlungsoptionen werden wir uns nun Schritt für Schritt ansehen.

9.1 Erste Stufe: Vorbereitung und Einstieg

Die Verhandlungsvorbereitung – und ebenso die Verhandlungsnachbereitung – sollte jeweils auf die Analyse von formellen, prozessualen, inhaltlichen und praktischen Aspekten ausgerichtet sein, da sich alle vier Aspekte auf die in einer Verhandlung entstehende Verhandlungsdynamik auswirken. Ziel der Vorbereitung ist es, bereits im Vorfeld optimale Voraussetzungen zu schaffen, um dem Ablauf des Zürcher Verhandlungsmodells in der eigentlichen Verhandlung möglichst effizient und effektiv folgen zu können.

Erkenntnisse aus der Verhandlungspraxis haben mir gezeigt, dass es für eine Verhandlung nicht hilfreich ist, wenn die darin involvierten Parteien bereits in der Verhandlungsvorbereitung ihre Ergebnisziele definieren, da ein solches Vorgehen die gemeinsame Erarbeitung neuer Lösungen erschwert. Es ist, als trügen die Verhandelnden Scheuklappen, die ihnen zwar dabei helfen, sich auf ihr Ziel zu konzentrieren, sie jedoch gleichzeitig daran hindern, etwas anderes zu sehen als das vorab definierte Ziel. Es lohnt sich vielmehr, die konkreten Ausprägungen von Verhandlungsgegenständen in der Verhandlungsvorbereitung offen zu lassen und sie erst während der Verhandlung in einem ergebnisoffenen Prozess zwischen den Verhandlungsparteien zu entwickeln. In diesem Prozess dürfen und sollen die Verhandlungsparteien ihre jeweiligen Interessen berücksichtigen – sich aber immer auch fragen, was sie darüber hinaus zum Gelingen einer Mehrwertlösung beitragen können.

Bei der Verhandlungsvorbereitung geht es darum, den Verhandlungsablauf den sieben Phasen entsprechend und unter Einbezug der vier Prozessebenen des Zürcher Verhandlungsmodells zu planen und die für die Verhandlung relevanten Besonderheiten zu beachten, damit der Verhandlungsprozess optimal verlaufen kann.

Für die **formelle Vorbereitung** stehen folgende Fragen im Zentrum:

- Wer wird an der Verhandlung teilnehmen? Mit welchen Funktionen, Rollen und Entscheidungskompetenzen sind die teilnehmenden Personen ausgestattet?
- Wo findet die Verhandlung statt? Die Wahl des Orts einer Verhandlung kann einen großen Einfluss auf das Verhalten der beteiligten Personen haben und dadurch die Verhandlungsdynamik direkt beeinflussen. Bestellt man beispielsweise jemanden für eine Verhandlung zu sich ins Büro, sendet man damit ein Signal aus, das bei der Gegenseite Störgefühle auslösen könnte. Um also keine falschen Signale auszusenden, empfehle ich, auch die Wahl des Orts zum Thema zu machen und mit der Gegenseite auszuhandeln. Eine mögliche Frage lautet hier: Wo wollen wir uns treffen?
- Über welchen Kommunikationskanal (E-Mail, Telefon, Video-Meeting, persönliche Begegnung) soll die Verhandlung durchgeführt werden?
- Wie viel Zeit steht für die Verhandlung zur Verfügung?

Bei den **prozessualen Aspekten** geht es um folgende Fragestellungen:

- Wie weit möchte man im Verhandlungsprozess vorankommen? Es kann gute Gründe geben, in einer bestimmten Verhandlung nicht bereits einen Abschluss anzustreben, sondern sich erst einmal über Sichtweisen und Interessen auszutauschen oder gemeinsam neue Optionen zu entwickeln.
- Bei der Einstiegsphase, ganz zu Beginn einer Verhandlung, sollten folgende Aspekte berücksichtigt werden:
  - Small Talk: Wie kann man das Eis brechen und einen ersten Beitrag für den Aufbau einer guten und vertrauensvollen Atmosphäre schaffen?
  - Vorstellungsrunde: Kennen sich die Anwesenden oder ist eine Vorstellungsrunde angezeigt?
  - Klärung der Agenda: Welche Verhandlungsthemen sollen in welcher Reihenfolge besprochen werden?
  - Ziel der Verhandlung: Wie weit wollen die Parteien in der aktuellen Begegnung im Prozess kommen (siehe oben)?
  - Definition von Spielregeln für die Verhandlung, sofern nötig.
  - Protokoll: Wird jemand für die Protokollführung benötigt?
  - Nochmalige Überprüfung des Zeitrahmens: Wie viel Zeit steht für die Verhandlung nun effektiv zur Verfügung?

- Klären der Sitzordnung: Hier hat sich die Frage bewährt: Wie wollen wir uns setzen? Wenn die Sitzordnung einseitig festgelegt wird, kann dies auf der Beziehungsebene eine Störung verursachen.

Eine mögliche Ausgestaltung der Agenda könnte folgendermaßen aussehen:

1. Begrüssung und Einstieg
2. Vorstellungsrunde
3. Themen, die besprochen werden sollen
4. Gegenseitige Darlegung der Situation
5. Interessen aller Beteiligten
6. Mögliche Lösungsansätze
7. Nächste Schritte

Bei der **inhaltlichen Vorbereitung** geht es grundsätzlich darum, das Zürcher Verhandlungsmodell auf die anstehenden Verhandlungsthemen und die jeweilige Verhandlungssituation zu übertragen und anhand einer **Vorbereitungs-Checkliste** (siehe Anhang, Seite 176) zu reflektieren. Darunter fällt die Frage nach den Sichtweisen und Interessen der Verhandlungsparteien, das Andenken von Optionen, das Antizipieren von möglichen Argumenten und Kriterien, die Frage nach der BATNA, aber auch die Frage nach der Qualität der Werte- und Beziehungsebene.

Bei der **praktischen Verhandlungsvorbereitung** gilt es, folgende Themen zu beachten:

- Wie wird das Setting des Verhandlungsraums gestaltet (Anordnung der Tische etc.)?
- Welche technischen Hilfsmittel (Beamer, Leinwand, Flipcharts, Whiteboards etc.) werden benötigt?
- Break-out-Raum: Werden weitere Räume benötigt, falls sich die Verhandlungsdelegationen im Rahmen eines Time-outs intern abstimmen möchten?
- Sind Getränke, Kaffee und bei Bedarf auch Verpflegung verfügbar?

Zusammenfassend können wir sagen, dass möglichst viele dieser und weiterer Themen im Rahmen von Subverhandlungen mit der Gegenseite bereits vor oder spätestens zu Beginn der eigentlichen Verhandlung geklärt werden sollten. Durch ein solches Vorgehen sind alle im Boot, sodass weniger Missverständnisse entstehen. Zudem können im Rahmen solcher Vorverhandlungen bereits erste kleinere Verhandlungserfolge verzeichnet werden, auf denen die Parteien später aufbauen können. Sehr gute Erfahrungen mache ich beispielsweise, wenn ich zu Beginn der Verhandlung frage, wie wir uns setzen wollen. Dadurch entsteht ein Gespräch auf Augenhöhe, das die Situation entspannt und die Türe öffnet für Smalltalk und andere Themen, die für die eigentliche Verhandlung zwar inhaltlich vielfach nicht relevant sind, aber trotzdem helfen, das Eis zu brechen und erstes Vertrauen aufzubauen. Erfahrungsgemäß ist die Zeit, die wir in die Vorbereitung investieren, gut investierte Zeit, die wir im weiteren Verlauf wieder «zurückbekommen».

Das Zürcher Verhandlungsmodell beschreibt die Vorbereitungen von Verhandlungen, wie wir später im Detail sehen werden, entlang der vier Prozessebenen (Sachebene, Beziehungsebene, Werteebene und Persönlichkeitsebene). Dabei gilt es bei allen Themen, die wir in der Vorbereitung auch aus Sicht des Gegenübers betrachten, zu berücksichtigen, dass wir oftmals Annahmen treffen, die wir im Verhandlungsprozess überprüfen und in der Verhandlungsnachbearbeitung reflektieren müssen. Die Vorbereitungs-Checkliste zum Zürcher Verhandlungsmodell führt die formellen, prozessualen, inhaltlichen und praktischen Aspekte zusammen, sodass wir all diese Aspekte in einer Gesamtschau bearbeiten können. Die Vorbereitung ist ein für den Verhandlungserfolg zentraler Aspekt. Gemäß der 5P-Regel aus der Fliegerei «Proper Preparation Prevents Poor Performance» müssen wir als Verhandelnde ausreichend Zeit und Energie für die Vorbereitung aufwenden und dadurch Verantwortung für den gesamten Verhandlungsprozess übernehmen.

Wenn sich eine wichtige Verhandlung abzeichnet, ist es mitunter ratsam, im Terminkalender auch für die Vorbereitung ein konkretes Zeitfenster einzuplanen. Wenn man hingegen überraschend und unvorbereitet in eine Verhandlung zu geraten droht, sollte man sich fragen, ob es nicht einer Vorbereitung bedarf und dafür allenfalls Zeit einzuplanen ist. Sobald man diese Frage bejaht, empfiehlt es sich unbedingt, die Verhandlung auf später zu verschieben. Einige Menschen sehen sich instinktiv dazu verpflichtet, unmittelbar zu verhandeln, wenn sie dazu aufgefordert werden, vielleicht weil sie das Verschieben als ein Zeichen von Schwäche werten. Dem ist keineswegs so.

Die Verhandlungsvorbereitung ist für den späteren Verlauf einer Verhandlung von zentraler Bedeutung. In dieser Phase geht es darum, eine gemeinsame Basis zu schaffen, auf der die Verhandlung möglichst effizient und effektiv geführt werden kann. Dabei gilt es, die Verhandlung mit Blick auf Aspekte aller vier Prozessebenen vorzubereiten, also die Sach-, die Beziehungs-, die Werte- und die Persönlichkeitsebene einzubeziehen.

Auf der **Sachebene** geht es in einem ersten Schritt darum, dass wir die Verhandlungsgegenstände definieren und unsere eigenen Sichtweisen und Interessen, mögliche Optionen, Kriterien sowie unsere BATNA klären. In der Regel lohnt es sich, wenn wir uns auch Gedanken dazu machen, wie der Verhandlungspartner zu den genannten Punkten steht, auch wenn wir dabei vielfach Vermutungen anstellen müssen. Wenn wir uns in der Vorbereitung nämlich in die Situation des Gegenübers versetzen, kann uns dies in der Verhandlung helfen, das Gegenüber besser zu verstehen und dessen Sichtweisen und Beweggründe besser nachzuvollziehen. Die Vorbereitung hilft uns also dabei, empathischer zu verhandeln.

Es empfiehlt sich, in der Verhandlungsvorbereitung die konkreten Ausprägungen von Verhandlungsgegenständen noch nicht zu definieren, sondern immer ergebnisoffen auf Basis der Interessen vorzugehen und die Lösung gemeinsam mit den Verhandlungspartnern zu entwickeln.

Bereits in der Vorbereitung empfiehlt es sich auch, die Qualität der **Beziehung** zu überprüfen. Bei Bedarf gilt es, sich zu überlegen, wie diese verbessert werden kann. Ziel ist es, eine funktionierende Arbeitsbeziehung herzustellen. Um herauszufinden, ob wir eine Beziehungsstörung haben, können wir uns folgende Frage stellen: Wie fühle ich mich von meinem Gegenüber behandelt? Falls diese Frage nicht eindeutig mit einem «gut» beantwortet werden kann, deutet dies auf ein Beziehungsproblem hin.

Auf der **Werteebene** sollten wir überprüfen, welche Werte wir mit dem Verhandlungspartner teilen und welche nicht. Gibt es Werte, die ein Konfliktpotenzial erwarten lassen? Wenn es sich abzeichnet, dass wir uns nicht auf Augenhöhe begegnen werden, ist es sinnvoll, uns bereits in der Vorbereitung mögliche Interventionen auf der Werteebene zu überlegen.

Auf der Ebene der **Persönlichkeit** prüfen wir, welche Verhandlungsdynamik durch das Aufeinandertreffen aller beteiligten Personen entstehen könnte, sofern uns die beteiligten Personen bereits bekannt sind. Diese Frage sollten wir in der Vorbereitung reflektieren, damit wir uns in der eigentlichen Verhandlung gezielt einbringen oder zurücknehmen können. Die entsprechende Vorbereitung hilft, auf ein forderndes oder nachgiebiges Auftreten des Verhandlungspartners adäquat reagieren zu können.

Viele der hier angesprochenen Themen können bereits eigene Verhandlungsgegenstände darstellen und wir sollten sie – auch in Absprache mit dem Verhandlungspartner – als solche betrachten, damit alle Beteiligten von Anfang an in das Setting der Verhandlung involviert werden.

Jeder der sieben Stufen des Zürcher Verhandlungsmodells ist ein Grundwert zugeordnet, der sicherstellt, dass die jeweilige Stufe erfolgreich durchschritten werden kann.

Als Basis für das erfolgreiche Durchschreiten der ersten Stufe, Vorbereitung und Einstieg, dient der Grundwert Respekt.

Grundwert Respekt

In der Vorbereitungs- und Einstiegsphase bestimmen die Verhandlungspartner, mit welcher Haltung sie ihrem Gegenüber während der Verhandlungsdurchführung begegnen. Im Sinne der Handlungsmaxime wirken sich ein respektvoller Umgang in der Verhandlungsvorbereitung und ein wertschätzender Verhandlungseinstieg positiv auf den gesamten Verhandlungsprozess aus. Darum muss der Grundwert des gegenseitigen Respekts in die Verhandlungssituation eingebracht und gegebenenfalls auch eingefordert werden. Im Sinne eines Verhandlungsblockers kann es sich negativ auf die Verhandlung auswirken, wenn dem Wert Respekt nicht Rechnung getragen wird und die Vorbereitung und der Einstieg vernachlässigt werden.

Handlungsmaxime: Vorbereitung & Einstieg: ernst nehmen

Verhandlungsblocker: Vorbereitung & Einstieg: vernachlässigen

9.2 Zweite Stufe: Sichtweisen

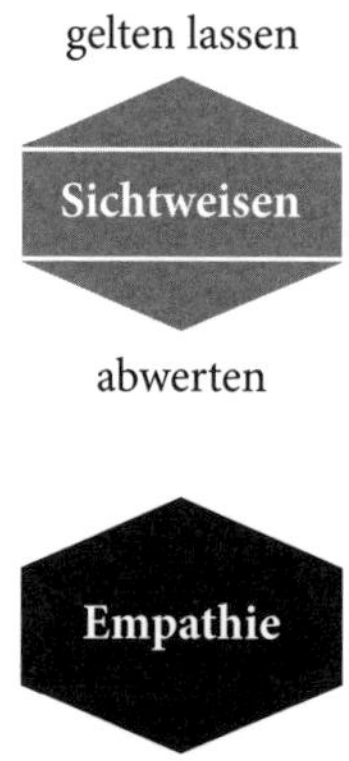

Der Umgang mit unterschiedlichen Sichtweisen stellt vielfach die schwierigste Herausforderung in einer Verhandlung dar. Als ich die Fliegerei verließ, fragte mich ein Freund, was ich denn jetzt beruflich vorhätte. Ich sagte ihm, dass ich mich auf das Thema Verhandeln spezialisieren möchte, worauf er etwas sinnierte und dann meinte: «Jaja, **Verhandeln – da kann man einen Krug auf den Tisch stellen und der eine sieht den Henkel links, und der andere sieht ihn rechts.»**

Auf dieser zweiten Stufe des Verhandlungsprozesses stehen die Perspektiven der Parteien auf verhandlungsrelevante Aspekte im Fokus. Übereinstimmende Sichtweisen können helfen, eine gemeinsame Basis zu bilden. Deshalb, und auch um erste Informationsasymmetrien auszugleichen, lohnt es sich, in den Abgleich der Sichtweisen genügend Zeit zu investieren. Unterschiedliche Sichtweisen können im Gegenzug zu einer großen Herausforderung werden und ihren Ursprung auf jeder der vier Prozessebenen haben.

Auf der **Sachebene** kann die individuelle Interessenlage die Sichtweise derart beeinflussen, dass unsere Sichtweise unseren eigenen Interessen deutlich entgegenkommt und wir einen Sachverhalt zu unseren Gunsten auslegen. Auf der **Beziehungsebene** kann beispielsweise mangelndes Vertrauen dazu führen, dass wir eine Sichtweise vertreten, die unser eigenes Risiko minimiert. Erfolgt die Verhandlung dieser Stufe nicht auf Augenhöhe, so tangiert dies genauso die **Werteebene** und führt zu einer Opposition gegenüber allen Sichtweisen, die der Verhandlungspartner einbringt. Und ganz besonders können persönliche Dispositionen, Erfahrungen sowie soziale und kulturelle Prägungen, die sich auf Ebene der **Persönlichkeit** manifestieren, unterschiedliche Sichtweisen zur Folge haben.

Ein konstruktiver Ansatz im Umgang mit unterschiedlichen Sichtweisen besteht darin, dass wir in einem ersten Schritt versuchen, die Sichtweise des Verhandlungspartners zu verstehen, wobei mit «verstehen» gemeint ist, die hinter einer Sichtweise verborgene Logik zu erkunden. Hier eignet sich die Methode des aktiven Zuhörens. Wichtig ist dabei, dass wir uns bewusst sind: «Verstehen» ist nicht gleichzusetzen mit «einverstanden sein». So wie wir angehalten sind, ein Verständnis für die Sichtweisen des Gegenübers zu entwickeln, sollte auch das Gegenüber eingeladen werden, sich auf unsere Sichtweisen einzulassen. Nachdem wir einander die Sichtweisen dargelegt haben, gilt es in einem zweiten Schritt, die Sichtweisen – sofern sie nicht übereinstimmen – gemäß dem Grundsatz «we agree to disagree» nebeneinander gelten zu lassen. Mit diesem zweiten Schritt nehmen wir idealerweise eine Fokusverschiebung vor: Wir lösen uns von der Diskussion unterschiedlicher Sichtweisen und machen so den Weg frei für die Klärung der grundlegenden Interessen der Verhandlungspartner und somit auch für die dritte Stufe im Verhandlungsprozess.

Wenn Sie das Gefühl haben, dass sich die Verhandlung im Kreis dreht und/oder Sie dem Gegenüber beweisen wollen, dass Sie Recht beziehungsweise Ihr Gegenüber unrecht hat, wäre das ein starker Hinweis darauf, dass Sie sich auf dieser Stufe befinden.

Als Basis für das erfolgreiche Durchschreiten der zweiten Stufe dient der Grundwert Empathie.

Grundwert Empathie

Empathie ist die Voraussetzung für einen Perspektivenwechsel und für den Versuch, die Sicht des Verhandlungspartners zu verstehen, ohne inhaltlich einverstanden sein zu müssen. Selbst wenn die Verhandlungspartner ihre Sichtweisen nicht in Übereinstimmung bringen, erzeugt Empathie beim Partner das Gefühl, verstanden worden zu sein, und fördert damit das Vertrauen. Daraus leitet sich die Handlungsmaxime ab, die unterschiedlichen Sichtweisen einander darzulegen und zu verstehen und in der Folge im Sinne eines «we agree to disagree» gelten zu lassen.

Es wirkt sich negativ auf die Verhandlung aus, wenn Sichtweisen abgewertet werden. Dann kommen Emotionen ins Spiel, die sowohl den Verhandlungsprozess als auch die Beziehung belasten.

Handlungsmaxime: Sichtweisen: gelten lassen

Verhandlungsblocker: Sichtweisen: abwerten

Sollten Sie sich, möglicherweise in der Vorbereitung auf eine bestimmte Verhandlung, in die Welt des Gegenübers begeben wollen, eignet sich ein Rollentausch ausgezeichnet. Setzen Sie sich wörtlich auf einen anderen Stuhl und bitten Sie eine Kollegin oder einen Kollegen, in Ihre Rolle zu schlüpfen und die Verhandlung zu simulieren. Es ist immer wieder interessant zu erleben, dass ein derartiger Rollentausch zu neuen Einsichten führt, ohne dass neue Informationen fließen.

▶ Ein Teilnehmer in einem Verhandlungstraining wollte eine für ihn anspruchsvolle Situation mit einem «schwierigen Kunden» analysieren und herausfinden, wie er in Zukunft besser mit ihm umgehen könnte.

Zu diesem Zweck haben wir die echte Verhandlungssituation in einem Rollenspiel nachgestellt und simuliert, und zwar so, dass der «Falleinbringer» – nachdem er die Situation in einem ausführlichen Briefing geschildert hatte – in die Rolle seines schwierigen Kunden schlüpfte.

Seine Kolleginnen und Kollegen sind in seine Rolle als Verkäufer geschlüpft und haben ihn gespielt. Bei der Analyse des Rollenspiels meinte der Falleinbringer, dass die anderen sein eigenes Verhalten dem Kunden gegenüber sehr gut gespielt/imitiert hätten und er sich genau so verhalten habe.

Und dann meinte er: «Und jetzt ist mir auch klar, weshalb der Kunde so schwierig ist – er reagiert nur auf mein eigenes schwieriges Verhalten …! Ihr wisst gar nicht, wie sehr ihr mich auf die Palme gebracht habt.»

In einem nächsten Schritt konnten wir dann gemeinsam ein konstruktiveres Zugehen auf den Kunden vorbereiten. Nach einigen Wochen meldete sich der Teilnehmer nochmals bei mir und teilte mir mit, dass sich durch sein verändertes Auftreten nach dem Verhandlungstraining die Beziehung zu diesem Kunden völlig normalisiert hätte. ◀

9.3 Dritte Stufe: Interessen

Verhandeln ist immer ergebnisorientiert, und das Ergebnis führt dann zu einem Win-Win, wenn die Lösung auf der Basis der Interessen erarbeitet worden ist. Dabei kann es vorkommen, dass wir, bevor wir unsere Interessen mit denjenigen des Verhandlungspartners abgleichen, zunächst unsere eigenen Interessen erkennen und priorisieren müssen. In diesem Abwägungs- und Priorisierungsprozess, der nur unsere eigene Partei sowie allenfalls eine uns verbundene Anspruchsgruppe involviert, spielen auch Werte eine Rolle, die sich auf Ebene unserer Persönlichkeit manifestieren und so die Verhandlung beeinflussen.

Die eigenen Interessen zu erkennen und sich bewusst zu machen, ist manchmal gar nicht so einfach. Wir sollten (auch) uns selbst in der Vorbereitung einer Verhandlung die Frage stellen, warum wir ein bestimmtes Zielbild, sofern vorhanden, im Kopf haben, das wir erreichen wollen. Sollten wir uns einmal begegnen und Sie mir berichten, dass Sie gerade auf dem Weg in eine wichtige Verhandlung sind, werde ich Ihnen diese eine Frage stellen: «Was sind Ihre Interessen?»

Sind die eigenen Interessen geklärt und priorisiert, geht es auf dieser dritten Stufe im Verhandlungsprozess darum, die Interessen aller beteiligten Parteien zu klären. Zwar können wir nie absolut sicher sein, dass die andere Partei alle Interessen offenlegt und nicht doch eine sogenannte **«Hidden Agenda»** verfolgt – also ein Interesse befriedigen möchte, ohne dieses offenzulegen. Trotzdem sollten wir in dieser Phase möglichst viel über die Interessen des Verhandlungspartners in Erfahrung bringen und zugleich unsere eigenen Interessen vorbringen. Auf das Thema der «Hidden Agenda» wird in Abschnitt 11.3 vertieft eingegangen.

Informationsasymmetrien, die bei praktisch jeder Verhandlung vorhanden sind, gilt es auf dieser Stufe nun möglichst vollständig abzubauen. Ungleiche Informiertheit der Verhandlungspartner können Machtungleichgewichte fördern, die im Hinblick auf die optimale Erschließung des Mehrwertpotenzials möglichst vermieden werden sollten. Denn je mehr Interessen gegenseitig bekannt sind, desto mehr Optionen können auf der nächsten Stufe im Modell entwickelt werden. Aber um realistisch zu bleiben: Die absolute Sicherheit, ob auf der anderen Seite nicht doch noch eine Hidden Agenda vorhanden ist, werden wir wohl nie haben.

Dabei ist es in der Regel sehr zielführend, wenn die beiden Verhandlungsparteien in einem wechselseitigen Austausch, Schritt für Schritt, sich gegenseitig die jeweils eigenen Interessen mitteilen können.

Wenn wir uns jedoch nicht sicher sind, ob sich die Verhandlungspartnerin oder der Verhandlungspartner ebenfalls transparent verhält, empfiehlt es sich, nicht gleich alle Karten auf den Tisch zu legen, sondern zunächst in Vorleistung zu gehen und der anderen Partei ein bis zwei eigene Interessen offenzulegen, sodass der Verhandlungspartner ermuntert wird, nachzuziehen. Ein solches Vorgehen fördert in der Regel den gegenseitigen Informationsaustausch und wirkt sich positiv auf die Beziehungsebene aus, indem Vertrauen aufgebaut wird.

Verhandeln ist ein Geben und Nehmen, auch bezüglich Informationen. Die Gefahr auf dieser Verhandlungsstufe besteht darin, dass sich die Parteien aus unterschiedlichen Gründen auf Positionen zurückziehen und versuchen, an diesen Positionen festzuhalten, was einen Feilschprozess in Gang setzen kann, der in einen faulen Kompromiss oder in eine Win-Lose- oder Lose-Win-Situation mündet.

Als Basis für das erfolgreiche Durchschreiten der dritten Stufe dient der Grundwert Partnerschaft.

Grundwert Partnerschaft

Partnerschaftliches Miteinander impliziert die Bereitschaft, auf Augenhöhe zu verhandeln, die Interessen des Verhandlungspartners gleichwertig neben die eigenen zu stellen und diese bei der Entwicklung von Optionen miteinzubeziehen. Daraus leitet sich die Handlungsmaxime ab, Positionen auf dahinterliegende Interessen – im Sinne von Beweggründen, Motiven, Ängsten oder Befürchtungen – zu hinterfragen. Umgekehrt wird sich das Verschleiern von Interessen und/oder das Verharren auf Positionen zu einem Verhandlungsblocker entwickeln und den weiteren Verlauf der Verhandlung behindern.

Handlungsmaxime: Interessen: klären

Verhandlungsblocker: Interessen: auf Position beschränken

9.4 Vierte Stufe: Optionen

Die Grundlage für echte Mehrwertlösungen wird auf der Stufe der Optionen geschaffen. Angestoßen durch eine **«Kreativitätsfrage»**, welche die Interessen der Verhandlungsparteien anspricht, entwickeln wir im Rahmen eines kreativen Prozesses gemeinsam mit dem Verhandlungspartner Lösungsansätze, die das Potenzial für eine Einigung mit Mehrwert haben und die wir ohne diesen kreativen Prozess gar nicht in Betracht ziehen würden. Die Kreativitätsfrage soll die Parteien einladen, kreativ zu werden. Sie funktioniert wie eine mathematische Formel: «Welche Möglichkeiten gibt es, damit Sie Ihre Interessen A und wir gleichzeitig unsere Interessen B befriedigen können?» In der Verhandlung setzen wir für A und B dann die bekannten Interessen der Parteien ein. Die Antworten auf die Kreativitätsfrage entsprechen den Optionen. Das Potenzial, das die Entwicklung kreativer Lösungen («invention») im Hinblick auf das Zusammenführen unterschiedlicher Interessen («integration») birgt, hat Mary Parker Follett bereits in den 1920er Jahren erkannt und beschrieben.[56]

Im kreativen Ideenfindungsprozess dürfen wir auch vordergründig verrückte, unrealistische Ideen einbringen, da diese ihrerseits neue, realistische Ideen stimulieren können. Zur Ideenfindung eignen sich verschiedene Kreativitätstechniken. Häufig eingesetzt wird das Brainstorming, das sich als einfache und effektive Technik bewährt hat. Bildlich gesprochen wird im Ideenfindungsprozess der Kuchen vergrößert. Jede Idee ist erst einmal willkommen, bewertet wird sie im Anschluss. Einer vorzeitigen Bewertung mitten im Brainstorming sollten wir daher unbedingt entgegenwirken. Denn wir wollen den Mehrwertbereich ausloten und ergründen, welches inhaltliche Potenzial in einer bestimmten Verhandlungssituation steckt. Dank dieses gemeinsamen, mehrwertorientierten Vorgehens kommt häufig ein Verhandlungsergebnis zustande, das auf einem höheren Niveau ansetzt als das ursprünglich anvisierte und das durchaus für positive Überraschungen sorgen kann.

Je nach Situation lohnt es sich, für die Erarbeitung von Optionen genügend Zeit einzuplanen und einzusetzen. Im Rahmen einer von mir als Moderator geleiteten Mehrparteienverhandlung mit ca. 15 anwesenden Personen haben wir uns beispielsweise zwei Stunden Zeit genommen und 75 Optionen entwickelt. Diese wurden in einem ersten Schritt von mir auf Metaplanwänden notiert, in einer Pause von einem der Teilnehmenden in ein Excel-Sheet übertragen und anschließend gemeinsam weiterbearbeitet. Zwei Stunden für die Entwicklung von Optionen mag auf den ersten Blick vielleicht nach viel Aufwand klingen – es ging damals allerdings auch um einen zweistelligen Millionenbetrag.

Ganz grundsätzlich hat es sich bewährt, die gemeinsam entwickelten Optionen zu visualisieren und diese in einem zweiten Schritt mit den formulierten Interessen abzugleichen. Jene Optionen, die beide Verhandlungspartner als umsetzbar erachten und weiterverfolgen wollen, bilden in ihrer Summe ein mögliches Lösungspaket. Die Gefahr auf dieser vierten Verhandlungsstufe besteht darin, dass sich eine oder mehrere Parteien im Vorfeld bereits überlegt haben, mit welcher kreativen Lösung sie ein Problem beheben könnten, um in der Verhandlung das Gegenüber von dieser einseitig eingebrachten Lösung zu überzeugen. Vielfach werden solche in bester Absicht eingebrachten Lösungsansätze von der anderen Partei abgelehnt, da sie nicht in den Entstehungsprozess dieser Optionen eingebunden war – sogar dann, wenn die einseitig eingebrachte Lösung inhaltlich den Interessen der ablehnenden Partei entgegenkommen würde.

Als Basis für das erfolgreiche Durchschreiten der vierten Stufe dient der Grundwert Kreativität.

Grundwert Kreativität

Die Optionen, die auf Basis der Interessen entwickelt und eingebracht werden, setzen den Grundwert Kreativität voraus. Gemeinsamer Nutzen entsteht, wenn die Verhandlungspartner das inhaltliche Potenzial der Verhandlungssituation ausloten und im Sinne einer Handlungsmaxime gemeinsam kreative Optionen für ein Lösungspaket erarbeiten, das die Interessen aller Beteiligten möglichst optimal befriedigt. Falls wir die Optionen nicht gemeinsam entwickeln, sondern einseitig einbringen, oder wenn wir eine bestimmte Option dem Gegenüber als besonders attraktiv «verkaufen» wollen, wirkt sich das häufig als Verhandlungsblocker aus.

Handlungsmaxime: Optionen: gemeinsam entwickeln

Verhandlungsblocker: Optionen: einseitig einbringen

9.5 Fünfte Stufe: Kriterien

Mithilfe der Kriterien wird bildlich gesprochen der durch die Optionen vergrößerte Kuchen angeschnitten und verteilt. Dank der kreativen Ideenfindung auf Stufe der Optionen hat sich der Kuchen im Normalfall derart vergrößert, dass das kleinere Stück des jetzigen Kuchens größer ist als das große Stück des ursprünglichen Kuchens. Im Idealfall sind beide Seiten gleichermaßen zufrieden mit dem Ergebnis.

Auf der Stufe der Kriterien geht es darum, uns mit dem Gegenüber auf einen fairen Verteilungsmaßstab zu einigen und auf diese Weise Willkür auszuschließen. Zu diesem Zweck sind beide Seiten eingeladen, Verteilungskriterien zu formulieren. Nicht selten kommt es dabei vor, dass die von den Verhandlungsparteien vorgebrachten Argumente subjektiven Sichtweisen unterliegen und dazu tendieren, die eigenen Interessen zu bevorteilen.

Aus diesem Grund entstehen in dieser Phase mitunter Subverhandlungen zur Frage, wie der im Idealfall nun größer gewordene Kuchen aufgeteilt wird. Da sich die Parteien durch die Vergrößerung des Kuchens aber bereits auf einem insgesamt höheren Niveau bewegen – es gibt mehr zu verteilen als zu Verhandlungsbeginn angenommen –, wird die Verteilungsfrage im Regelfall weniger brisant geführt und kann vielfach schon als ein «Luxusproblem» betrachtet werden.

In diesem Zusammenhang taucht auch häufig die Frage auf, wer die erste Zahl nennen sollte. Dazu habe ich folgende Empfehlung: Sprechen Sie mit Ihrem Gegenüber **nicht über nackte Zahlen,** sondern über den **Weg,** über den Sie zu einer fairen/angemessenen Zahl kommen. So sprechen Sie automatisch über Kriterien, mit denen eine Zahl dann auch im Nachgang einer Verhandlung begründet werden kann. So beugen Sie gleichzeitig der Gefahr vor, dass nach der Verhandlung einer der Partner ein ungutes Gefühl bezüglich des Verhandlungsergebnisses bekommen könnte.

Als Basis für das erfolgreiche Durchschreiten der fünften Stufe dient der Grundwert Fairness.

Grundwert Fairness

Wenn sich durch eine kreative Lösung die Verteilfrage nicht komplett erübrigt hat (siehe auch das Beispiel in Abschnitt 11.3), stellt sich auf der Stufe der Kriterien die Frage, wie der gemeinsam geschaffene Mehrwert aufgeteilt werden soll. Wenn eine gleichmäßige Verteilung des Mehrwerts nicht möglich ist, müssen – im Sinne der Handlungsmaxime – nachvollziehbare Kriterien für eine faire Aufteilung gemeinsam diskutiert und festgelegt werden. So kann möglichen Versuchen einer Partei, das größere Stück des nunmehr ohnehin größeren Kuchens willkürlich einzufordern, entgegengewirkt werden. Ein solches willkürliches Einfordern würde sich auf dieser Stufe als Verhandlungsblocker auswirken, der den Verhandlungsprozess bremst und die Beziehung belastet.

Handlungsmaxime: Kriterien: gemeinsam festlegen

Verhandlungsblocker: Kriterien: willkürlich festlegen

9.6 Sechste Stufe: Mehrwertlösung

Nachdem die Verhandlungslösung auf dem Tisch liegt, vergleichen wir diese bewusst oder manchmal auch unbewusst) mit unserer BATNA, der «Best Alternative to a Negotiated Agreement».

Sofern die Mehrwertlösung für alle beteiligten Parteien besser ist als deren BATNA, werden die Parteien der Mehrwertlösung zustimmen und diese zum Abschluss führen. Sollte die Mehrwertlösung schlechter sein als die BATNA, muss – sofern man an dieser Verhandlung festhalten und sich noch nicht für die BATNA entscheiden will – der Verhandlungsprozess auf die Stufe der Interessen und Optionen zurückgeführt werden; die Verhandlungsparteien loten aus, welche Interessen noch besser befriedigt werden müssen, damit die erarbeitete Mehrwertlösung die BATNA übertrifft. Es kann auch sein, dass die verhandelnden Parteien auf eine veränderte Situation reagieren müssen.

Sowohl die Einigung auf die Mehrwertlösung wie auch der Schritt zurück auf die Stufe der Interessen und Optionen setzen voraus, dass die beteiligten Parteien eine gemeinsame Lösung auch wirklich anstreben. Sollte eine Partei in dieser Verhandlungssituation die gemeinsame Lösung verwerfen oder nicht mehr an eine bessere Mehrwertlösung glauben, dann kommt die BATNA zum Zug, und die Parteien beenden die Verhandlung.

Wenn eine Verhandlungspartei unter Druck gerät oder die eigene Macht auszuspielen versucht, kommt es vor, dass die BATNA als Druckmittel und in Form einer Drohung eingesetzt wird. Sätze wie beispielsweise «Wenn Sie mir jetzt nicht noch 10 Prozent entgegenkommen, dann werde ich den Auftrag an Ihren Mitbewerber vergeben!» kommen Ihnen vielleicht bekannt vor. Dass ein solches Vorgehen nichts mit einer Win-Win-Strategie zu tun hat und die Beziehungs- und Werteebene belastet, versteht sich von selbst. Die BATNA ohne ein Drohelement ins Spiel zu bringen, ist eine Kunst. Je schlechter die Beziehungsqualität zwischen den Verhandelnden, desto eher wird das Erwähnen der BATNA als Drohung wahrgenommen.

Bezüglich BATNA wird die Informationsasymmetrie am häufigsten aufrechterhalten. Erfährt die jeweilige Gegenseite nämlich, ob man über eine gute oder schlechte BATNA verfügt, wird der Grad der Abhängigkeit sichtbar. Dies könnte bei einer großen Abhängigkeit, also wenn man mit einer schlechten BATNA in der Verhandlung sitzt, und in Kombination mit einer Win-Lose-Verhandlungsdynamik, von der anderen Seite ausgenützt werden, indem sie die «schwächere Seite» inhaltlich in die Knie zu zwingen versucht. Vor diesem Hintergrund erklärt sich auch, dass manchmal «geblufft» und eine gute BATNA vorgetäuscht wird, um so eine geringere Abhängigkeit vorzugeben.

Diese ganze Thematik ist aber nur wirklich relevant, wenn eine Verhandlung Gefahr läuft, sich auf oder in Richtung der Feilschkurve zu bewegen. Dann könnte mit einer besseren BATNA Druck gemacht und auf der Feilschkurve einseitig optimiert werden. Da wir eine Win-Win-Dynamik anstreben, entschärft sich dieses Thema bis zu einem gewissen Grad. Wenn Sie in einer Verhandlung unbedingt herausfinden möchten, was die BATNA des Gegenübers ist, wo also dessen Schmerzgrenze liegt, dann könnte das ein ernstzunehmender Hinweis darauf sein, dass Sie sich gedanklich in Richtung Feilschkurve respektive Win-Lose-Dynamik bewegen.

Es ist eine Frage des Vertrauens, sofern das für die Verhandlung überhaupt relevant ist, ob man seine BATNA der anderen Seite mitteilen möchte. Ich habe es bisher einmal erlebt, dass mein Gegenüber gesagt hat, dass er keine gute BATNA habe. Da es mir gleich ging, habe ich dies ebenfalls offengelegt und damit signalisiert, dass auch ich ein großes Interesse an einer gemeinsamen Lösung habe.

Als Basis für das erfolgreiche Durchschreiten der sechsten Stufe dient der Grundwert Logik.

Grundwert Logik

Die vorangehenden fünf Stufen führen im Idealfall zu einer Mehrwertlösung, welche die Interessen aller Beteiligten möglichst optimal befriedigt und für alle Parteien – gegenüber einem möglicherweise avisierten Ziel – zusätzlichen Mehrwert beinhaltet. Bevor es nun zu einer Einigung kommt, vergleichen die beteiligten Verhandlungsparteien die verhandelte Mehrwertlösung mit ihrer jeweiligen BATNA. Die Einigung basiert somit auf einer logischen Abwägung zwischen der vorhandenen BATNA und der ausgehandelten Mehrwertlösung. Der Grundwert Logik stellt sicher, dass im Sinne der Handlungsmaxime kein zweitklassiger Abschluss getätigt wird. Auf dieser Stufe existiert ein potenzieller Verhandlungsblocker, der den Verhandlungsprozess zurückwerfen und die Beziehung belasten kann: die Drohung mit der BATNA, meist in Kombination mit einer konkreten Forderung/Position, die durchgedrückt werden soll.

Handlungsmaxime: Mehrwertlösung: mit BATNA abgleichen

Verhandlungsblocker: Mehrwertlösung: mit BATNA bedrohen

9.7 Siebte Stufe: Vereinbarung und Auswertung

Es ist unerlässlich, das Resultat bei Verhandlungsabschluss so zu formulieren, dass alle involvierten Parteien dasselbe Verständnis der getroffenen Vereinbarung haben. Es lohnt sich in diesem Zusammenhang, beide Seiten einzuladen, zu beschreiben, was aus der jeweiligen Sicht vereinbart wurde. So können wir überprüfen, ob keine Missverständnisse vorliegen. Sobald die verhandelnden Parteien sich über das Verhandlungsresultat einig sind, lässt sich auch dessen Verbindlichkeit thematisieren, beispielsweise durch eine Verschriftlichung. Eine detaillierte Checkliste zu allen praktischen Aspekten des Verhandlungsabschlusses und dessen Auswertung findet sich im Anhang (Checkliste: Verhandlungsnachbereitung, Seite 179).

In einem zweiten Schritt sollten wir – im Sinne eines Debriefings – den Verhandlungsverlauf reflektieren und auswerten. Die Beantwortung der folgenden drei Fragen kann bei dieser Selbstreflexion hilfreich sein. Was habe ich gut gemacht? Was hätte ich besser machen können? Und abgeleitet aus den beiden ersten Fragen: Was werde ich beim nächsten Mal anders machen? Auch Fragen zum Prozess sind hier relevant: Verlief der Verhandlungsprozess strukturiert entlang der sieben Stufen oder unstrukturiert? Haben wir die angestrebte Mehrwertlösung gefunden? Wenn wir letztere Frage mit einem Ja beantworten, können wir davon ausgehen, dass der Verhandlungsprozess auch auf den Ebenen **Beziehung, Werte** und **Persönlichkeit** erfolgreich war.

Wie die Verhandlungsvorbereitung ist auch die Verhandlungsnachbereitung auf formelle, prozessuale, inhaltliche und praktische Aspekte ausgerichtet. Die formelle Nachbereitung klärt Fragen bezüglich der Eignung des formellen Settings. Haben sich Teilnehmerkreis, Zeitrahmen, Ort etc. bewährt? Bei der prozessualen Nachbearbeitung steht die Selbstreflexion sowie die Reflexion über den Ablauf der Verhandlung im Zentrum, bei der inhaltlichen Arbeit die Auseinandersetzung mit der erarbeiteten Lösung mit Blick auf die eigenen Interessen und die eigene BATNA – und bei der praktischen Nachbearbeitung die anstehenden Schritte hin zur Implementierung der Verhandlungsergebnisse. Sollten bei der Verhandlungsumsetzung Probleme auftauchen, die eine gemeinsame Klärung erfordern, würde dies zu einer oder mehreren neuen Verhandlungen führen.

Auf die Vereinbarung und die Auswertung des Verhandlungsergebnisses folgt in einem nächsten Schritt die Umsetzung der Vereinbarung. Der Vertragsabschluss stellt zwar das **Ende der Verhandlung** dar, ist gleichzeitig aber auch häufig der **Beginn einer Geschäftsbeziehung.** Eine erfolgreiche Umsetzung wird dann begünstigt, wenn alle Interessen tatsächlich befriedigt worden sind und eine echte Win-Win-Lösung vorliegt. Tauchen bei der Umsetzung eines Verhandlungsergebnisses Fragen oder Probleme auf, die eine gemeinsame Klärung erfordern, beginnt gemäß unserem Modell eine neue Verhandlung. Eine solche nachgelagerte Verhandlung startet wieder auf der ersten Stufe, mit Vorbereitung und Einstieg in diesen neuen Verhandlungsprozess.

Als Basis für das erfolgreiche Durchschreiten der siebten Stufe dient deshalb der Grundwert Nachhaltigkeit.

> ***Grundwert Nachhaltigkeit***
>
> *Eine Verhandlung ist nur dann wirklich erfolgreich, wenn die vereinbarte Lösung die Interessen der beteiligten Parteien nachhaltig befriedigt und von ihnen als nachhaltig empfunden und entsprechend umgesetzt wird. Deshalb ist auf der letzten Stufe im Verhandlungsmodell der Grundwert der Nachhaltigkeit zentral. Die Handlungsmaxime auf dieser Stufe lautet, die mit der Vereinbarung einhergehenden Verpflichtungen und Aufgaben einzuhalten. Negativ, im Sinne eines Verhandlungsblockers wäre eine Missachtung des eingegangenen Commitments.*
>
> *Handlungsmaxime: Vereinbarung & Auswertung: einhalten*
>
> *Verhandlungsblocker: Vereinbarung & Auswertung: missachten*

Diese sieben Stufen visualisieren den Verhandlungsfortschritt und folgen bezüglich der Reihenfolge einer «inneren» Logik – jede Stufe baut inhaltlich auf der, beziehungsweise den, vorangehenden Stufen auf. Die Kunst in der Verhandlung besteht darin zu erkennen, auf welcher Stufe sich die Verhandlung gerade befindet. Sobald der aktuelle Stand der Verhandlung der entsprechenden Stufe zugeordnet werden konnte, kann beurteilt werden, ob die vorangehenden Stufen bereits ausreichend behandelt wurden und man weiter voranschreiten kann. So macht es beispielsweise wenig Sinn, sich Optionen zu widmen, wenn die Interessen der beteiligten Parteien noch nicht geklärt wurden. Oder, wenn Sie beispielsweise auf einer der höheren Stufen immer wieder auf unterschiedliche Sichtweisen zurückfallen, sollten Sie diese Stufe nochmals gezielt gemeinsam bearbeiten, mit dem Ziel, die unterschiedlichen Sichtweisen zu verstehen und gelten zu lassen.

Teil III
Praxis

10

Verortung von Konflikten und Interventionsansätze

«Konflikte» werden oft als etwas Störendes, Negatives angesehen, das es möglichst zu beseitigen gilt. Viel sinnvoller ist es jedoch – dem Verständnis von Mary Parker Follett folgend – Konfliktsituationen als Ressourcen und Chancen zu verstehen, als Indikatoren für etwas, das verändert werden sollte. Konflikte tragen das Potenzial für positive Veränderungen in sich, sofern sie konstruktiv angegangen werden.

Beim Verhandeln ist es zentral zu erkennen, auf welcher Ebene sich Widerstände und Konflikte in Verhandlungen manifestieren.

- Entzündet sich ein Konflikt beispielsweise an unterschiedlichen Sichtweisen, gegensätzlichen Positionen oder einer der anderen der sieben Stufen – also auf der Sachebene?
- Geht ein Konflikt auf das zwischenmenschliche Beziehungsgeschehen zurück – und ist also auf der Beziehungsebene angesiedelt?
- Entzündet sich ein Konflikt an Wertefragen, die unterschiedlich gewichtet werden oder nicht verhandelbar sind – also auf der Werteebene?
- Entzündet sich ein Konflikt an bestimmten Persönlichkeitseigenschaften der Verhandelnden – und liegt also auf der Persönlichkeitsebene?

Erst wenn geklärt ist, auf welcher Ebene ein Konflikt angesiedelt ist, können wir das Konfliktmanagement effektiv starten und zum Erfolg führen. Die vier Prozessebenen des Zürcher Verhandlungsmodells Sache, Beziehung, Werte und Persönlichkeit und ihre Wechselwirkungen bergen in Verhandlungssituationen den Schlüssel zur Lösung des Konflikts. Gelingt es, den Konflikt auf einer oder auf mehreren dieser Ebenen zu verorten, so können wir gezielt Maßnahmen ins Auge fassen, um auf der jeweiligen Ebene die Hindernisse zu überwinden und gemeinsam einen konstruktiven Umgang mit dem Konflikt zu finden.

Sobald auf einer der vier Prozessebenen ein Konflikt erkannt ist, müssen wir diesen im Rahmen einer eigenen (Sub-)Verhandlung angehen und auf ebendieser Ebene lösen. Das Zürcher Verhandlungsmodell bietet für jede Verhandlung auf jeder der vier Prozessebenen einen Werkzeugkasten an, der die notwendigen Ansätze bereitstellt, um lösungsorientiert in Richtung Win-Win-Dynamik zu intervenieren. Bei diesen Interventionsansätzen unterscheiden wir auf den drei Ebenen Beziehung, Werte und Persönlichkeit zwischen intrapersonellen und interpersonellen Ansätzen.

Wie aber lassen sich die potenziellen Konfliktherde auf den vier Ebenen erkennen und auflösen? Warum macht das Gegenüber im konkreten Fall nicht so mit, wie wir uns das vorstellen und wie wir es für einen erfolgreichen Verhandlungsabschluss als notwendig erachten? Diese Frage lässt sich in allen Konflikten stellen und zunächst gibt es immer eine einfache Antwort: Es hat seinen Grund. Diesen Grund herauszufinden und eine Lösung dafür bereitzustellen, dazu dient unser Modell. Wenn unser Gegenüber in einer Verhandlung nicht bereit ist, gemeinsam eine Mehrwertlösung zu entwickeln, müssen die Gründe auf einer oder mehreren der vier Prozessebenen angesiedelt sein. Liegt der Grund nur in einem Sachkonflikt oder gibt es zusätzlich auf der Beziehungs-, Werte- oder Persönlichkeitsebene Störfaktoren, die wir beheben müssen?

Menschen haben ihre Gründe, sich so zu verhalten, wie sie es tun.

10.1 Verortung auf der Sachebene

Verortung
Auf der Sachebene können Konflikte grundsätzlich auf jeder der sieben Stufen im Verhandlungsprozess entstehen – nämlich immer dann, wenn einer oder mehrere Verhandlungsblocker aktiviert werden. Um herauszufinden, ob ein Konflikt auf der Sachebene existiert – was in Verhandlungen meistens der Fall ist – und worin dieser Konflikt besteht, hilft die Frage: «**Warum sitzen wir am Verhandlungstisch?**» Die Antwort zeigt uns nicht nur an, ob und wo ein Konflikt auf der Sachebene vorhanden ist, sondern auch, ob gegebenenfalls zusätzliche Konflikte auf den drei anderen Prozessebenen (Beziehungs-, Werte- und Persönlichkeitsebene) existieren. Sobald klar ist, dass effektiv ein Konflikt auf der Sachebene besteht, gilt es herauszufinden, auf welcher Stufe im Modell er angesiedelt ist, was uns wiederum Klarheit verschafft, welcher der sieben Verhandlungsblocker aktiv ist.

Interventionen
Die Auflösung von auf der Sachebene angesiedelten Konflikten erfolgt, indem in einem ersten Schritt der jeweils auf einer bestimmten Stufe zum Tragen kommende Verhandlungsblocker identifiziert wird. In einem zweiten Schritt gilt es, den Konflikt mit der auf dieser Stufe positiv besetzten Handlungsmaxime aufzulösen:

Stufe	Verhandlungsblocker	Handlungsmaxime
1. Vorbereitung & Einstieg	vernachlässigen	ernst nehmen
2. Sichtweisen	abwerten	gelten lassen
3. Interessen	auf Position beschränken	klären
4. Optionen	einseitig einbringen	gemeinsam entwickeln
5. Kriterien	willkürlich festlegen	gemeinsam festlegen
6. Mehrwertlösung	mit BATNA bedrohen	mit BATNA abgleichen
7. Vereinbarung & Auswertung	missachten	einhalten

Bei der bewusst verfolgten Win-Win-Verhandlungsstrategie wird immer das Ziel angestrebt, gleichzeitig den eigenen Nutzen und den Nutzen für die Gegenseite zu maximieren. Anhand eines Beispiels soll das Prinzip veranschaulicht und gleichzeitig aufgezeigt werden, wie der Verhandlungsblocker «auf Positionen beschränken» durch die Handlungsmaxime «Interessen klären» aufgelöst und die Verhandlung in Richtung Win-Win gesteuert werden kann.

▶ Eine Einkäuferin verhandelt mit einem Lieferanten über ein bestimmtes Produkt und dessen Preis. Das Ziel der Einkäuferin ist es, den Preis um zehn Prozent zu reduzieren. Die Verkäuferin des Lieferanten will sich dieser Forderung aber nicht beugen und bietet einen maximalen Rabatt von zwei Prozent an.

Wenn es nicht gelingt, die hinter den zwei vorgebrachten Positionen liegenden Interessen zu erkennen, wird die Verhandlung mit großer Wahrscheinlichkeit in ein Feilschen münden. Sobald aber klar wird, dass die Einkäuferin die Preisreduktion verlangt, weil sie sonst mit ihren Produkten nicht mehr wettbewerbsfähig ist, während die Verkäuferin ihre Marge halten muss, eröffnen sich Optionen, die das Potenzial für Mehrwertlösungen haben.

Es gilt also, die Interessen zu erkunden, die hinter Positionen stehen und nach Optionen zu suchen, die sowohl das Interesse nach hoher Wettbewerbsfähigkeit und das Interesse an einer angemessenen Marge vereinen. Oft werden solche Optionen intuitiv in die Verhandlung eingebracht, indem beispielsweise ein höheres Abnahmevolumen vorgeschlagen wird. Es gibt in der Regel aber noch viel mehr Optionen für Mehrwertlösungen. Eine Kreativitätsfrage könnte vor diesem Hintergrund lauten: «Welche Möglichkeiten gibt es, damit Sie wettbewerbsfähig bleiben und wir gleichzeitig unsere Marge halten können?» Nachstehend einige Beispiele, wie der Preis für den Kunden gesenkt werden könnte, ohne dass die Marge des Lieferanten darunter leidet:

- Volumen erhöhen
- Zahlungsbedingungen ändern
- Größere Losmengen abrufen
- Bessere Planbarkeit für Lieferanten einbauen
- Andere Materialien einsetzen
- Spezifikation des Produktes verändern
- Logistikprozesse optimieren

Bei einer geschickt geführten Verhandlung wird es in unserem Beispiel also für die Einkäuferin unter Umständen möglich, so viele Einsparungen zu generieren, dass ihr ursprüngliches Ziel von zehn Prozent sogar noch übertroffen wird. Gleichzeitig kann der Lieferant seine Marge halten und weitere Einsparungen auf seiner Seite realisieren und muss nicht auf die zwei Prozent verzichten. ◀

Bei der Erarbeitung der Sachlösung ist es hilfreich, in einem visualisierten oder zumindest imaginierten Raster (siehe Abbildung 13) die Interessen der beteiligten Parteien festzuhalten, um auf dieser Basis sowie mit Hilfe einer Kreativitätsfrage gemeinsam Optionen zu entwickeln. Dies hilft, die Lösung effizient und effektiv zu erarbeiten.

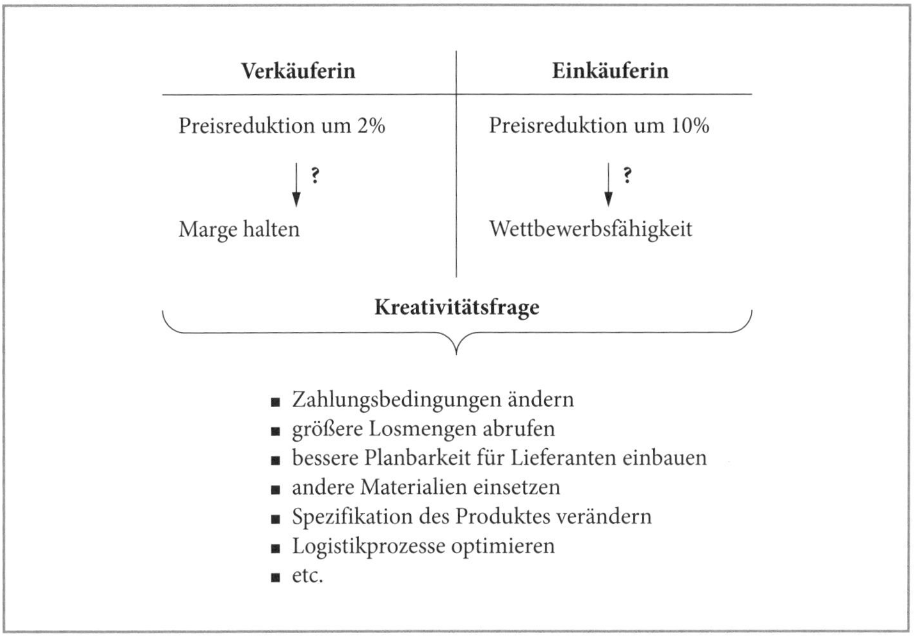

Abb. 13 Interessenraster

10.2 Verortung auf der Beziehungsebene

Verortung

Konflikte auf der Sachebene können dann effizient und lösungsorientiert angegangen werden, wenn auf der Beziehungsebene entweder ausreichendes Vertrauen vorhanden ist oder aber aufgebaut werden kann. Verhandeln ist maßgeblich ein Beziehungsgeschehen: Gegenseitiges Vertrauen entscheidet über die Qualität der Sachlösung. Beziehungsstörungen lösen negative Emotionen aus; sie zu erkennen und aufzulösen ist in Verhandlungen entscheidend.

Ob eine Beziehungsstörung vorhanden ist, können wir anhand der Fragen feststellen: «**Fühle ich mich von meinem Gegenüber gut behandelt?**» und ebenso «**Fühlt sich mein Gegenüber von mir gut behandelt?**». Falls die Antworten Ja lauteten, kann man davon ausgehen, dass die Beziehung intakt ist. Falls eine der Antworten hingegen Nein lautet, muss man von einer Beziehungsstörung ausgehen. Wenn unser Gegenüber ein Beziehungsproblem hat, das wir nicht antizipieren konnten, wird uns dies im Idealfall mit einer Ich-Botschaft kundgetan. In vielen Fällen werden Beziehungsprobleme aber nicht so deutlich angesprochen, sondern in abgemilderter Form thematisiert. Hinweise auf ein Beziehungsproblem können dann Äußerungen sein wie «Das hat mich irritiert, verwundert, erstaunt, überrascht, verunsichert, schockiert, verwirrt, durcheinander oder aus dem Konzept gebracht.» Bei solchen Äußerungen sollten wir uns sofort fragen, ob ein Beziehungsproblem vorliegt und dies dann auch mit dem Gegenüber ansprechen und klären.

Da Störungen auf der Beziehungsebene unterschiedliche Ursachen haben können, muss man sich, falls eine Beziehungsstörung vorliegt, in einem zweiten Schritt die Fragen stellen «Warum fühle ich mich vom Gegenüber nicht gut behandelt?» und «Warum fühlt sich das Gegenüber nicht gut behandelt?». Die Beantwortung dieser Fragen hilft, die geeignete Interventionen auf der Beziehungsebene zu wählen und anzuwenden.

Interventionen

Ob ein Beziehungsproblem angesprochen wird oder nicht, hängt mit der Persönlichkeit der Verhandelnden zusammen. Menschen gehen sehr unterschiedlich mit negativen Emotionen um. Während sich die einen geradezu gezwungen fühlen, Emotionen anzusprechen, schauen die anderen darüber hinweg. Sobald sich Emotionen negativ auf die Verhandlungsatmosphäre auswirken, bietet das Zürcher Verhandlungsmodell die folgenden sieben Interventionsansätze an:

1. **Emotionen wahrnehmen** (intrapersonell): In einem ersten Schritt gilt es, die eigenen Emotionen wahrzunehmen. Erfolgreiche Verhandlerinnen und Verhandler hören auf ihren Bauch und nehmen Emotionen ernst.

2. **Emotionen einordnen** (intrapersonell): In einem zweiten Schritt geht es darum, die Herkunft der eigenen Emotionen zu hinterfragen und einzuordnen: Haben sie überhaupt etwas mit dem Gegenüber zu tun und wenn ja, was, oder kommen die negativen Gefühle von woanders her?

3. **Emotionen ansprechen** (interpersonell): Mit dem dritten Schritt wird das Gegenüber nun aktiv einbezogen, indem die wahrgenommenen Emotionen thematisiert werden.

4. **Emotionen austauschen** (interpersonell): Im vierten Schritt werden die Emotionen mit der Verhandlungspartnerin oder dem Verhandlungspartner ausgetauscht und erörtert mit dem Ziel, einen Weg zur Auflösung der negativen Emotionen zu finden.

5. **Empathie entgegenbringen** (interpersonell): Damit eine Beziehungsstörung erfolgreich aufgearbeitet werden kann, bedarf es Empathie, die dem Gegenüber bezüglich der vorgebrachten Emotionen entgegengebracht wird.
6. **Entschuldigung anbringen** (interpersonell): Wenn erkannt wird, dass das eigene Verhalten nicht korrekt war und die Ursache der Beziehungsstörung ist, kann eine Entschuldigung helfen, das Beziehungsproblem aufzulösen.
7. **Emotionen reflektieren** (intrapersonell): Der siebte Schritt besteht darin, die Beziehungsebene zu reflektieren und zu prüfen, ob diese durch eine oder mehrere der oben genannten Interventionen bereinigt werden konnte.

Falls man sich dafür entscheidet, ein vorliegendes Beziehungsproblem anzusprechen und eine der oben genannten, interpersonellen Interventionen einzusetzen, empfiehlt sich die **Ich-Botschaft.** Indem man die eigene Befindlichkeit thematisiert und eigene Emotionen anspricht, fühlt sich die andere Seite in der Regel weniger angegriffen und reagiert, anders als bei Du-Botschaften, nicht a priori mit Ablehnung.

Sobald mein Gegenüber eine Beziehungsstörung anspricht, sollte man sich in die Schuhe des anderen versetzen, das eigene Verhalten selbstkritisch betrachten und sich die Frage stellen, ob der Unmut des Gegenübers auf ein eigenes Fehlverhalten zurückzuführen ist. Können wir dies bejahen und feststellen, dass wir einen oder mehrere Werte des Gegenübers verletzt haben, sollten wir um **Entschuldigung** bitten, denn eine Entschuldigung hat sich als wirkungsvolle Maßnahme erwiesen, eine Beziehungsstörung aufzulösen. In vielen schwierigen und emotional belasteten Verhandlungen, die ich als Mediator begleiten durfte, wurde durch eine Entschuldigung der Durchbruch geschafft und der Weg frei

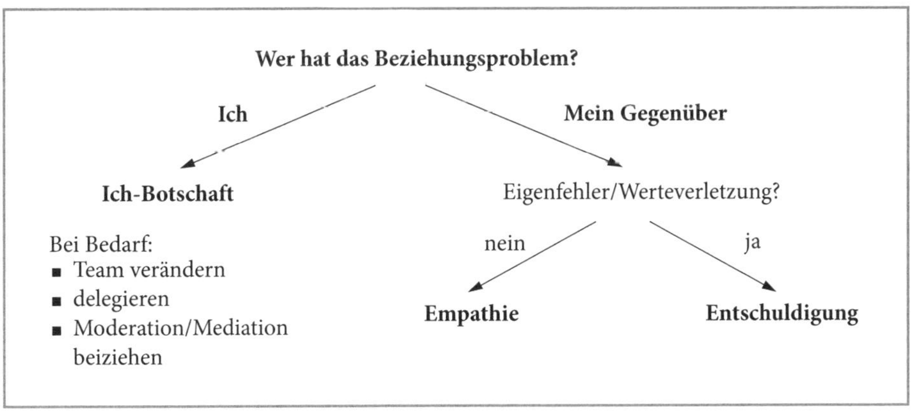

Abb. 14 Umgang mit Beziehungsproblemen und Emotionen

gemacht für eine Mehrwertlösung. Diese wie auch meine eigenen Erfahrungen als Verhandler haben mich bestätigt, dass eine Entschuldigung, entgegen der weit verbreiteten Annahme, sie zeuge von Schwäche, im Gegenteil ein Zeichen von Charakterstärke ist. Dabei ist Reue in Bezug auf das eigene Verhalten ein wichtiger Indikator, dass eine Entschuldigung in einer bestimmten Situation angezeigt ist. Die Reue stellt auch sicher, dass die Entschuldigung ernst gemeint ist und authentisch ausgesprochen werden kann. Sie sollte also von Herzen kommen und nicht als Floskel eingesetzt werden. Eine nicht ernst gemeinte Entschuldigung könnte das Beziehungsproblem sogar zusätzlich verschärfen.

Falls man aber beim besten Willen kein eigenes Fehlverhalten oder eine dem Gegenüber zugefügte Werteverletzung ausmachen kann, empfiehlt es sich dennoch, dem Gegenüber mit **Empathie** zu begegnen und die angesprochene Beziehungsstörung keinesfalls kleinzureden. Dadurch fühlt sich das Gegenüber verstanden und kann so die eigenen Emotionen besser ein- und zuordnen. Erst jetzt ist der Weg offen, um das Problem auf der Sachebene gemeinsam anzugehen. Bei allen Interventionen auf der Beziehungsebene ist es zentral, dass sie authentisch und ernst gemeint sind.

Gegebenenfalls kann es auch hilfreich sein, die Zusammensetzung des Teams zu verändern, das heißt weitere oder andere Personen beizuziehen oder das Mandat zu delegieren. Allenfalls könnte eine dritte Partei als Moderatorin oder Mediatorin beigezogen werden.

▶ Als Mitglied des fünfköpfigen «Chefpilotenteams MD-80» bei der Swissair musste ich in den 1990-er Jahren viele Verhandlungen führen, da wir nebst der Wahrnehmung der Führungsaufgaben auch in viele Projekte eingebunden waren.

Zu Beginn meiner vierjährigen Tätigkeit in dieser Funktion führte ich die Verhandlungen mit den internen Schnittstellen, mit den Gewerkschaftsvertretern oder externen Partnern intuitiv, also rein «aus dem Bauch heraus». Wenn mich zu jener Zeit jemand gefragt hätte, welchen Verhandlungsprinzipien ich folge, hätte ich die Frage vermutlich nur sehr rudimentär beantworten können.

Damals gab es eine Situation, in der wir im Rahmen eines gemeinsamen Projekts mit einer Partnerairline mehrere Verhandlungen führten. Die erste Verhandlungsrunde fand im Ausland statt und es nahmen vier Gewerkschaften (zweimal Cockpit und zweimal Kabine der beiden Airlines) sowie Vertreterinnen und Vertreter des Managements beider Fluglinien teil.

Nachdem sich die ca. 15 Anwesenden an den großen Tisch gesetzt hatten, startete die Verhandlung wie erwartet mit einem ca. 15-minütigen Small Talk. Ich empfand die Stimmung als sehr gelöst, was mich damals sehr erleichterte, weil es meine erste große Verhandlung war. Die Stimmung und mein diesbezüglich gutes Gefühl änderten sich dann aber schlagartig, als einer der Gewerkschaftsführer plötzlich mit lauter Stimme den Small Talk unterbrach und fragte: «Was ist eigentlich das Ziel der heutigen Sitzung?»

Nachdem auf seine Frage ein betretenes Schweigen folgte, hielt er ein Papier in die Luft und meinte: «Dies ist ein bestehender Vertrag zu einer anderen Kooperation zwischen unseren beiden Airlines. Unser Ziel (dabei zeigte auf sich und seine neben ihm sitzenden Delegationskollegen) ist es, heute Abend einen Vertragsentwurf analog zu diesem Vertrag auf dem Tisch zu haben.» Daraufhin erwiderte mein Kollege aus der Rechtsabteilung ohne Zeitverzug: «Das ist doch völlig unrealistisch, das schaffen wir nie. Unser Flug (er zeigte dabei auf sich und mich) geht schon um 17 Uhr zurück nach Zürich.» Daraufhin meinte der Gewerkschaftsführer mit einem süffisanten und auf mich vorwurfsvoll wirkenden Lächeln: «Unser Flug geht erst um 22 Uhr zurück. *Wir* haben den *letzten* Flug gebucht!»

Ab diesem Moment ging es mir nicht mehr so gut (1. Emotionen wahrnehmen) wie in den ersten 15 Minuten, weil mein Kollege und ich jetzt so dastanden, als hätten wir uns nicht genügend Zeit für dieses Meeting genommen und wollten so rasch wie möglich wieder nach Hause. Es machte sich bei mir ein etwas schlechtes Gewissen bemerkbar (2. Emotionen einordnen).

Was dann aber geschah, war Folgendes: Dreimal, als es in der Verhandlung darum ging, dass wir von Seiten Management ein Zugeständnis machen sollten, verlieh der besagte Gewerkschaftsführer einer Forderung Nachdruck, mit der Bemerkung: «Unser Flug geht erst um 22 Uhr zurück.» Und wirkte so wieder auf das schlechte Gewissen ein. Ich konnte damals noch nicht benennen, dass hier Manipulation im Gange war, indem mir über das Einwirken auf mein schlechtes Gewissen ein Zugeständnis in der Sache abgerungen werden sollte. Oder mit anderen Worten: Dass Beziehung und Sache vermischt wurden. Was mir aber durchaus bewusst war, und was ich auch sehr klar beschreiben konnte, das war, dass ich durch diesen Versuch der Manipulation innerlich in eine Abwehrhaltung ging und durch das Störgefühl, das sich bei mir auf der Beziehungsebene einstellte, zu keinerlei Zugeständnissen oder Lösungsoptionen bereit gewesen wäre.

Da mich die Emotionen, die sich durch sein Vorgehen bei mir einstellten, blockierten, dachte ich über Möglichkeiten nach, wie ich diese Blockade auflösen könnte. Es gab dann eine erste Kaffeepause, in der ich meinen ganzen Mut zusammennahm (ich war damals noch ziemlich jung) und den Gewerkschaftsvertreter (ein gestandener Flugkapitän, der kurz vor der Pensionierung stand) unter vier Augen ansprach. Ich sagte ihm, dass mich seine Bemerkungen wegen des letzten Flugs störten und es mir ein Anliegen sei, dass er das wisse (3. Emotionen ansprechen). Ich hatte mein Beziehungsproblem in Form einer Ich-Botschaft angesprochen.

Der Gewerkschaftsführer reagierte zunächst sehr nachdenklich und meinte dann: «Du hast absolut recht, das war respektlos.» (4. Emotionen austauschen und 5. Empathie entgegenbringen). Und er bat mich um Entschuldigung (6. Entschuldigung), was für mich zunächst sehr unerwartet kam und mich dann aber umso mehr freute. Im Anschluss dachte ich über die Auswirkungen dieser Aussprache nach und stellte fest, dass sich meine unguten Gefühle durch diesen Austausch mit dem Verhandlungspartner aufgelöst hatten (7. Emotionen reflektieren).

Übrigens: Wir buchten unseren Flug dann auch noch auf den letzten Flug um und hatten am Abend tatsächlich den angestrebten Vertragsentwurf auf dem Tisch. ◀

10.3 Verortung auf der Werteebene

Verortung

Zentrale Voraussetzung für gegenseitiges Vertrauen auf der Beziehungsebene ist eine wertschätzende Grundhaltung – eine Haltung, die sich auf der Ebene der Werte manifestiert. Wie die individuellen Werthaltungen in ihrem Zusammenspiel bestimmte Verhandlungsdynamiken – Win-Win/Win-Lose – fördern und wie wir auf der Werteebene Ressourcen für eine Win-Win-Lösung aktivieren können, wurde in Kapitel 8 dargestellt. Wie aber finden wir heraus, ob ein Wertekonflikt existiert?

Die Frage, ob ein Wertekonflikt existiert, lässt sich anhand der Frage beantworten: «**Begegnen wir uns auf Augenhöhe?**» Sollte die Antwort mit Nein ausfallen, ist es empfehlenswert, den Konflikt über eine oder mehrere Interventionen auf der Werteebene zu thematisieren und aufzulösen. Zur Analyse gehört selbstverständlich auch die Frage, ob wir selbst Augenhöhe zulassen. Falls das nicht der Fall ist, sollten wir unsere eigene Haltung gegenüber der anderen Partei hinterfragen und unser Verhalten entsprechend anpassen.

Interventionen

Die weiter unten ausgeführten Werteinterventionen haben zum Ziel, mit dem Verhandlungspartner in eine Wertediskussion einzutreten. Dadurch soll beim Verhandlungspartner ein Wertewandel ausgelöst werden, sodass sich der an einem Win-Lose orientierte Verhandlungspartner auf eine Win-Win-Dynamik einlässt.

Die Wertediskussion soll beim Verhandlungspartner dazu führen, dass er sein werteverletzendes Verhalten erkennt und korrigiert. Da sich Konflikte auf der Werteebene wiederum auf der Beziehungsebene über negative Emotionen manifestieren, ist eine ICH-Botschaft angebracht, indem man die eigene Betroffenheit aufzeigt und das Gegenüber so spiegelt. Dies wiederum führt beim Verhandlungspartner idealerweise zu einer Einsicht und Betroffenheit bezüglich des eigenen, negativen Verhaltens. So kann eine Abkehr vom werteverletzenden Verhalten und ein Einschwenken auf einen Dialog auf gegenseitiger Augenhöhe erreicht werden.

Eine Werteintervention kann explizit vorgenommen oder auch implizit eingebracht werden. Über eine implizite Werteintervention kann man versuchen, sich selber auf Augenhöhe zum Gegenüber zu begeben, ohne dass sein Verhalten direkt angesprochen wird. Dies als indirekte Einladung, das Verhalten zu ändern. Eine Werteintervention kann auch explizit und mit Bezug zur Metaebene als Wertediskussion geführt werden – und zwar so lange, wie man der Verhandlung noch eine Chance gibt.

▶ An einem Meeting bei einem Kunden nahm auch dessen oberster Chef teil. Als er erschien, waren wir anderen bereits im Besprechungsraum und er «segelte» an uns allen vorbei, **legte** sich auf der Stirnseite des Tisches auf den Stuhl und gab seinen Leuten wortlos mit einem Nicken das Zeichen, dass sie die Präsentation starten sollten. Nachdem er mich weder angeschaut und begrüßt noch eingeladen hatte, ebenfalls Platz zu nehmen, setzte ich mich und lauschte den Ausführungen zur Präsentation. Am Ende fragte mich der Präsentierende, ob ich noch etwas zu ergänzen hätte.

In diesem Moment sah mich der Chef zum ersten Mal an und meinte: «Ja, Herr Bullinger, sagen Sie auch mal was.»

Schon davor, aber spätestens jetzt, wäre ich am liebsten aufgestanden und hätte gesagt, dass sie sich einen anderen Geschäftspartner suchen sollten. Diesen Impuls hatte ich zum Glück unter Kontrolle, wobei mir bewusst war, dass keine Augenhöhe herrscht und ich ein **Werteproblem** zu korrigieren hatte. Dies sprach ich jedoch nicht explizit an, sondern **implizit** mit der Gegenfrage: «Was möchten Sie denn von mir hören? Was wäre für Sie interessant, von mir zu erfahren?»

Auf diese Frage hin richtete er sich plötzlich auf, überlegte kurz und meinte, dass für ihn die drei folgenden Themen ausschlaggebend seien … Jetzt waren wir im Gespräch, und so war es mir gelungen, mich auf Augenhöhe zu begeben, ohne das aus meiner Sicht respektlose Verhalten des Gegenübers direkt anzusprechen.

Zum Glück bin ich nicht meinem ersten Impuls gefolgt und meinerseits aus dem Raum «gesegelt». Sonst wäre ein interessanter Auftrag nicht zustande gekommen. ◀

Bei einer Wertediskussion sollte darauf geachtet werden, dass niemand das Gesicht verliert. Denn Gesichtsverlust kann zu einer inneren Blockade führen und die Verhandlung zusätzlich erschweren. Sobald man in einer Diskussion über die involvierten und verletzten Grundwerte den Glauben an einen Fortschritt verliert, schleicht sich häufig die BATNA ein und führt zur Frage, ob man die Verhandlung weiterführen oder abbrechen möchte.

Der Fokus auf die Wahrung der Integrität, auf die Grundwerte des Zürcher Verhandlungsmodells auf den jeweiligen Stufen und die empfohlenen Handlungsoptionen dient dazu, den Verhandlungsprozess in Richtung Mehrwertlösung zu gestalten. Wie aber gehen wir vor, wenn ein Konsens über die Grundwerte zunächst nicht vorhanden ist, die empfohlenen Handlungsmaximen keine Wirkung zeigen und die Verhandlungsdynamik sich in Richtung Win-Lose, Lose-Win oder Lose-Lose entwickelt?

In diesen Fällen bietet das Modell sieben Interventionsansätze auf der Werteebene an, wobei auch hier die ersten beiden und die siebte der Interventionen intrapersonell und die dritte bis sechste interpersonell eingesetzt werden können. Diese zielen darauf ab, den Verhandelnden wieder zu ermöglichen, sich wertschätzend und auf Augenhöhe zu begegnen. Denn eine Begegnung auf Augenhöhe ist die zentrale Voraussetzung für eine vertrauensvolle Beziehung und eine solche ist wiederum Voraussetzung für ein optimales Ausschöpfen des Potenzials, das in einer Verhandlungssituation auf der Sachebene steckt.

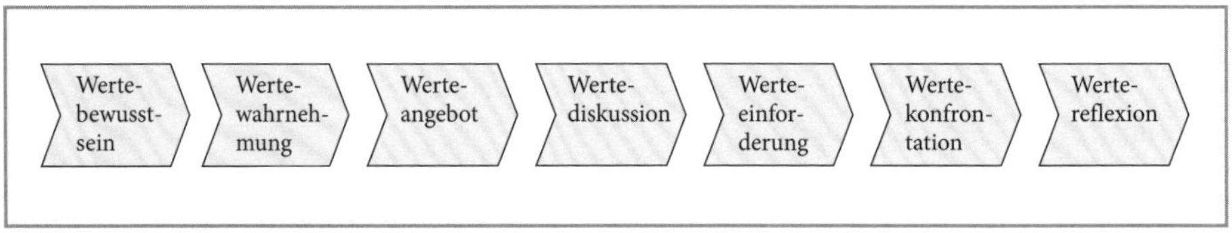

Abb. 15 Werteinterventionen

Um eine positive Resonanz auf der Werteebene zu erzeugen, versuchen wir, den Verhandlungspartner implizit oder explizit auf einen oder mehrere Grundwerte anzusprechen. Die Herausforderung besteht darin, herauszufinden, auf welchen Wert mein Gegenüber positiv reagiert, sodass es in der Folge sein Verhalten kritisch reflektiert und anschließend motiviert ist, die Win-Lose-Strategie aufzugeben und den weiteren Verhandlungsverlauf auf Basis einer Win-Win-Dynamik mitzugestalten.

Die Werteinterventionen erfüllen folgende Funktionen:

- Sie machen mir bewusst, mit welcher Haltung Verhandlungspartner mir begegnen.
- Sie machen mir bewusst, mit welcher Haltung ich Verhandlungspartnern begegne.
- Sie bringen mich oder den Verhandlungspartner dazu, sich wieder auf Augenhöhe zu begeben.
- Sie vermitteln Impulse für kritische Reflexionen über Vorgänge auf der Werteebene und fördern damit die Verhandlungskompetenz und den eigenen Lernprozess.

Die sieben Interventionsansätze können situationsbezogen zum Zug kommen. Sie können aber auch in der oben aufgeführten Reihenfolge zur Anwendung gelangen. Dabei unterscheiden wir zwei Aktionsformen: 1) Handlungen, die intrapersonell verlaufen, also **im Innern** einer verhandelnden Person. 2) Handlungen, die interpersonell verlaufen, sich also **zwischen** den beteiligten Personen abspielen. Letztere machen sich in der Kommunikation zwischen den Verhandlungspartnern direkt bemerkbar. Diese interpersonellen Interventionen enthalten bezüglich der Wirkung auf das Gegenüber jeweils eine Intensivierung gegenüber der jeweils vorherigen Intervention.

1. **Wertebewusstsein (intrapersonell)**
   Der erste Schritt in Richtung eines respektvollen Verhandelns auf Augenhöhe beginnt bei uns selbst und bei der Haltung, mit der wir unserem Gegenüber begegnen. Erst wenn wir uns bewusst machen, mit welchen Werten wir unserem Gegenüber begegnen möchten und welche dieser Werte für uns zentral sind und wir somit auch beim Verhandlungspartner erwarten, entsteht das für einen optimalen Verhandlungsverlauf notwendige Wertebewusstsein. Auf Basis des so gewonnenen Wertebewusstseins können wir korrigieren, falls einer oder mehrere der zur Diskussion stehenden Grundwerte verletzt werden.

2. **Wertewahrnehmung (intrapersonell)**
   Wertschätzendes Verhalten und eine funktionierende Wertebasis sind eine Grundvoraussetzung für das Zustandekommen echter Win-Win-Lösungen. Deshalb ist es wichtig, der Werteebene während des gesamten Verhandlungsablaufs die nötige Beachtung zu schenken und regelmäßig die Wahrnehmung darauf auszurichten, ob Grundwerte eingehalten werden. Sich gedanklich und emotional in die eigene und in die Wertewelt des Gegenübers hineinversetzen zu können, erfordert Empathie und ist der zweiten Stufe im Modell zugeordnet.

3. **Werteangebot (interpersonell)**
   Die «sanfteste» Art, den Verhandlungspartner auf einen Grundwert anzusprechen, besteht darin, ein Werteangebot zu machen. Explizit oder implizit signalisieren wir dabei der anderen Partei, dass wir bereit sind, ihr auf Augenhöhe zu begegnen. Eine explizite Formulierung auf dieser dritten Stufe, wo der Grundwert Partnerschaft zum Tragen kommt, könnte beispielsweise lauten: «Gerne möchte ich das Thema mit Ihnen auf einer partnerschaftlichen Basis besprechen und lösen.» Damit weisen wir einerseits darauf hin, dass wir uns selbst partnerschaftlich verhalten möchten, andererseits stellen wir aber auch die Erwartung in den Raum, dass wir von der anderen Partei dasselbe erwarten.

4. **Wertediskussion (interpersonell)**
   Eine nächste Steigerung der Werteintervention besteht darin, eine Wertediskussion zu führen. Konkret bedeutet dies, die andere Partei gezielt auf der Werteebene anzusprechen und zu signalisieren, dass auf dieser Ebene noch nicht alles an dem Platz ist, wo es sein sollte. Eine mögliche Formulierung unter Einbezug des auf der vierten Stufe angesiedelten Grundwerts Kreativität könnte hier lauten: «Bevor wir weiter über die Konditionen sprechen, möchte ich mit Ihnen klären, auf welcher Basis wir zusammenarbeiten wollen. Für mich ist es wichtig, dass wir uns auf Augenhöhe begegnen und einen lösungsorientierten Umgang miteinander pflegen, damit wir eine kreative Lösung erarbeiten können, die für beide Seiten passt.»

5. **Werteeinforderung (interpersonell)**
   Die Werteeinforderung beinhaltet eine noch stärkere Intervention. Dabei thematisieren wir diejenigen Grundwerte, die von der anderen Partei absichtlich oder unbeabsichtigt verletzt worden sind. Wir machen dem Gegenüber klar, dass wir auf der Einhaltung dieser Werte bestehen wollen und sie deshalb einfordern. Eine mögliche Formulierung mit Blick auf den der fünften Stufe zugeordneten Grundwert Fairness kann hier lauten: «Von unserer Seite ist es zwingend erforderlich, dass wir uns mit der gebührenden Fairness begegnen und dass die Verhandlungsatmosphäre nicht durch Äußerungen belastet wird, wie sie soeben gemacht worden sind.»

6. **Wertekonfrontation (interpersonell)**
   Die stärkste Werteintervention ist der sechsten Stufe des Zürcher Verhandlungsmodells zugeordnet und basiert auf dem Wert Logik. Hier konfrontieren wir das Gegenüber – im Sinne einer Ultima Ratio – mit der Tatsache, dass wir gewillt sind, die Verhandlung abzubrechen oder zumindest zu unterbrechen, falls es nicht gelingt, grundlegende Werte einzuhalten. Eine derartige Wertekonfrontation könnte beispielsweise lauten: «Wenn es uns nicht gelingt, für die Verhandlung eine funktionierende Wertebasis zu schaffen, die ein für beide Seiten akzeptables Verhandlungsergebnis zulässt, dann wäre es für uns logischer, die Verhandlung hier zu unterbrechen, als einem für uns nachteiligen Ergebnis zuzustimmen.» Bei einer solchen Formulierung ist es allerdings wichtig, sich der eigenen BATNA bewusst und bereit zu sein, die Eventualität einer Verhandlungsunterbrechung oder gar eines Verhandlungsabbruchs in Kauf zu nehmen.

7. **Wertereflexion (intrapersonell)**
   Die Reflexion, wie sich die Verhandlung auf der Ebene der Werte gestaltet, sollte während des gesamten Verhandlungsprozesses erfolgen. Insbesondere

auf der siebten Stufe des Zürcher Verhandlungsmodells, also bei Verhandlungsabschluss und Auswertung sollten wir sie aber auf keinen Fall vernachlässigen. Aus dieser Nachbetrachtung können wir Erkenntnisse für nächste Verhandlungen gewinnen. So kann beispielsweise eine Partei trotz allem nach der Verhandlung zum Schluss kommen, dass für sie wichtige Werte nicht eingehalten wurden und dass sie diese in einer nächsten Verhandlung – oder auch Verhandlungsrunde – einfordern wird. Denn nur so werden die Verhandlungsergebnisse in Zukunft für alle Beteiligten befriedigend sein und somit der Nachhaltigkeit genügen. Eine Wertereflexion im Sinne eines reflektierten Umgangs mit Werten stärkt in Verhandlungen das Bewusstsein für die eigene Wertehaltung und Integrität und damit letztlich auch die persönliche Verhandlungskompetenz.

Diese sieben Werteinterventionen können wir auch einsetzen unter Beizug von anderen als den einer jeweiligen Stufe zugeordneten Werten. Wir können zum Beispiel eine **Werteeinforderung** (im Modell der Stufe 5 zugeordnet) mit dem Grundwert **Respekt** (im Modell der Stufe 1 zugeordnet) verknüpfen: «Für uns ist es unabdingbar, dass wir uns mit gegenseitigem Respekt begegnen.» Oder wir könnten ein **Werteangebot** mit dem Grundwert **Kreativität** formulieren: «Wir schlagen vor, dass wir uns kreative Lösungen überlegen, die für beide Seiten von Nutzen sind und nicht darauf ausgelegt sind, einseitige Ergebnisse zu erzielen.»

Indem das Zürcher Verhandlungsmodell die horizontale Achse, bestehend aus sieben Prozessstufen, mit der vertikalen Achse der vier Prozessebenen verknüpft, kann es potenzielle Konfliktherde – analog einer Matrix – situationsbezogen präzise auf der Ebene der Sache, der Beziehung, der Werte und der Persönlichkeit verorten, und zwar zu jedem Zeitpunkt im Verhandlungsprozess. Für die Analyse, aber auch für die Handlungsoptionen und die möglichen Interventionen, ist die Orientierung an den sieben Grundwerten dabei essenziell.

Obwohl sich über diese Werteinterventionen sehr viele Menschen auf gleiche Augenhöhe bringen lassen, stellt sich abschließend die Frage, was geschieht, wenn ein Verhandlungspartner weiterhin Grundwerte verletzt und sich über die Interventionen auf der Werteebene nicht zu einer Win-Win-Haltung bewegen lässt. In einem solchen Fall kommt wahrscheinlich jede betroffene Partei zu dem Punkt, an dem sie sich Werteverletzungen nicht mehr gefallen lässt und aus dem Verhandlungsprozess aussteigen will, wenngleich der Rückzug auf die BATNA respektive der Ausstieg aus der Verhandlung unter Umständen mit harten Konsequenzen verbunden ist.

Die Möglichkeit zum Ausstieg aus einer Verhandlung muss immer gegeben sein. Ein Ausstieg kann insbesondere dann Sinn machen, wenn das Gegenüber – trotz aller Interventionen auf der Werteebene – seine Macht weiterhin auszuspielen versucht, unverrückbar auf Win-Lose zielt und die subjektive Grenze der persönlichen Integrität überschreitet. Denn Integrität ist nicht verhandelbar.

▶ Es liegt schon eine Weile zurück, als ich von einem potenziellen Kunden angerufen wurde. Es war ein Sales-Leiter, der ein Verhandlungstraining für sein Team einkaufen wollte. Auf das Training aufmerksam war er über eine Ausschreibung eines Verbandes geworden, bei dem seine Firma Mitgliedsunternehmen ist und wo wir für Einzelpersonen Verhandlungstrainings anbieten.

Während dieses Erstgespräches fragte mich der Sales-Leiter, mit welchen Kosten er für das Training zu rechnen hätte. Ich nannte ihm den Preis, worauf er meinte, dass er nur bereit sei, die Hälfte davon zu bezahlen. Auf meine Frage nach dem Grund seiner Forderung (ich wollte seine Interessen erfahren), wiederholte er nur, er wolle nicht mehr bezahlen.

Also versuchte ich, etwas über das hinter dieser Position verborgene Interesse zu erfahren und fragte, ob es sich um ein Budget-Thema handeln würde. Dies verneinte er und meinte: «Nein, es ist keine Frage des Budgets – Geld haben wir genug.» Wo denn dann das Problem mit unserem Preis lag, konnte ich zunächst nicht herausfinden.

Also versuchte ich über Optionen im Gespräch zu bleiben und mich auf diesem Weg seinen Interessen zu nähern. So brachte ich vor, dass wir den Preis allenfalls anpassen könnten, wenn wir noch andere Möglichkeiten einbeziehen könnten, wie eine höhere Abgabemenge, beispielsweise mit Vertiefungstrainings, Verhandlungsberatungen etc. Alle meine einseitig (!) eingebrachten Optionen lehnte er jedoch ab mit dem Hinweis, dass er genau dieses Training zu dem von ihm genannten Preis wolle.

Irgendwann im Verlauf des Gesprächs meinte er dann auch noch beiläufig: «Ich weiß ja nicht, wie voll Ihre Auftragsbücher sind, Herr Bullinger …» Diese leichte Drohung und Anspielung auf meine BATNA überhörte ich und fragte beharrlich nach dem Grund seiner Position.

Endlich war es dann so weit und er rückte heraus und erzählte mir, dass er in Verhandlungen mit seinen Kunden selbst ständig erfahren müsse, wie verhandelt wird, wenn der andere am längeren Hebel ist. Jetzt sei er mal am längeren Hebel und jetzt wolle er mal …

Mit einem Schlag war alles klar: Mein Verhandlungspartner wollte seine Macht zu meinen Ungunsten ausspielen. Wir hatten also ein Werteproblem, das wiederum durch die Persönlichkeit des Gegenübers ausgelöst worden war. Durch das bei mir vorhandene **Wertebewusstsein** habe ich ihm ein **Werteangebot** gemacht und ihm gesagt, dass ich mir für unsere Zusammenarbeit eine partnerschaftliche Geschäftsbeziehung wünsche.

Als er nicht darauf einstieg, fragte ich ihn, wie es denn für ihn sei, wenn seine Kunden mit ihm so umspringen, wie er es jetzt mit mir mache. Durch diese Frage kamen wir in eine interessante **(Werte-)Diskussion** zu seinem Alltagsgeschäft, wobei er auch danach weiterhin auf seiner Forderung beharrte.

Ich sagte ihm dann, dass seine Forderung unsere Interessen nicht berücksichtigen würden und es für uns zwingend notwendig sei, eine Verhandlungslösung herbeizuführen, die für beide Seiten stimmig ist. Damit spielte ich ihm gegenüber eine **Werteeinforderung.**

Als er weiterhin stur auf seiner Forderung beharrte, griff ich zur letzten Möglichkeit und brachte eine **Wertekonfrontation** vor. Da so allerdings auch die BATNA ins Spiel kam, musste ich aufpassen, dass keiner von uns das Gesicht verlor. Hätte ich beispielsweise gesagt, dass wir es dann lieber lassen sollen, wären wir nicht zusammengekommen.

So meinte ich stattdessen: «Da für uns Geschäftsbeziehungen auf Augenhöhe eine zwingende Voraussetzung für das Erbringen unserer Dienstleistungen sind, sehe ich momentan noch nicht, wie wir das hinkriegen können. Ich könnte mir aber vorstellen, sollte uns dies im Rahmen des geplanten Inhouse-Trainings nicht gelingen (entspräche der BATNA), dass er seine Sales-Mitarbeitenden zu einem Workshop des genannten Verbandes schicken könnte, womit seine und unsere Interessen gewahrt blieben.

Auf diese letzte Werteintervention und das subtile Einbringen der BATNA hin meinte er dann, dass er sich etwas überlegen und sich am nächsten Tag wieder melden würde. Das tat er auch und plötzlich war er bereit, von seiner Preisforderung abzulassen und über kreative Lösungen zu sprechen, die uns dann auch zusammenbrachten, ohne dass wir den Preis reduzieren mussten.

Es war mir gelungen, der versuchten einseitigen Machtausübung mit Hilfe der Werteinterventionen zu begegnen und durch einen erweiterten Scope unserer Dienstleistung eine kreative Lösung zu erarbeiten. ◀

10.4 Verortung auf der Ebene der Persönlichkeit

Verortung

Wenn in einer Verhandlung keine Win-Win-Dynamik entsteht, so kann dies auch in der Persönlichkeit der beteiligten Personen liegen, die eine solche Dynamik nicht zulassen. Der Schlüssel für die Persönlichkeitsmerkmale, die in einer Verhandlung wirksam und für die Verhandlungsdynamik verantwortlich sind, liegt im Umgang mit den persönlich priorisierten Werten.

Verschiedene Menschen haben unterschiedliche Gewichtungen der sieben Grundwerte (zum Beispiel können es bei einer Person die Werte Respekt, Partnerschaft und Logik sein und bei einer anderen Person die Werte Kreativität und Fairness). Durch diesen Bezug zwischen der Persönlichkeits- und der Werteebene eröffnen sich uns zusätzliche Interventionsmöglichkeiten.

Um herauszufinden, ob die Ursache für einen Konflikt auf der Persönlichkeitsebene angesiedelt ist, empfiehlt sich folgende Frage: **«Fühle ich mich in**

meiner Persönlichkeit und somit in meiner Integrität durch das Verhalten des Gegenübers eingeschränkt und/oder wird eine mir unmögliche Anpassungsleistung erwartet?» Wenn wir diese Frage verneinen, liegt die Ursache des Konfliktes auf einer der anderen drei Ebenen (Werte, Beziehung oder Sache) und man kann sich deren Verortung und den entsprechenden Interventionen widmen. Wenn wir die Frage hingegen bejahen und wir das Gefühl haben, nicht mehr so sein zu dürfen, wie wir uns als Person wahrnehmen, ist dies ein Hinweis darauf, dass auf der Persönlichkeitsebene eine Störung existiert, die sich immer auch auf den drei anderen Prozessebenen manifestiert.

Interventionen

Wie reagieren wir also darauf? Unsere Interventionen auf der Persönlichkeitsebene sollen den Parteien zum einen bewusst machen, welchen Einfluss das Zusammenspiel der unterschiedlichen Persönlichkeiten der Verhandelnden auf die Verhandlungsdynamik hat und zum anderen Möglichkeiten aufzeigen, wie die Verhandlungsdynamik bei Bedarf auch über die Persönlichkeitsebene in Richtung Win-Win gelenkt werden kann.

Wenn das Aufeinandertreffen von unterschiedlichen Persönlichkeiten Reibung auslöst und zu einem Konflikt auf der Persönlichkeitsebene führt, bietet das Zürcher Verhandlungsmodell hier ebenfalls einen Werkzeugkasten mit einem siebenstufigen Interventionsrepertoire an. Auch auf dieser Prozessebene ist es das Ziel, den Weg zu einer Win-Win-Dynamik erschließen zu können. Analog zur Beziehungs- und Werteebene folgen die sieben nachstehend aufgeführten Interventionsansätze auf der Persönlichkeitsebene der Logik, dass die zwei ersten sowie die letzte einen intrapersonellen (Selbstintervention) und die dritte bis sechste einen interpersonellen Vorgang zwischen den Verhandelnden beschreiben. Die sieben Interventionen bauen auch hier, wie schon bei der Beziehungs- und Werteebene, aufeinander auf und der Wirkungsgrad der Interventionen wird bei den interpersonellen Interventionen bezüglich der vorangehenden jeweils zunehmend intensiviert.

Die Prämisse für die sieben nachfolgendend beschriebenen Interventionen besteht darin, dass die eigene und die Persönlichkeit des Verhandlungspartners einen wesentlichen Einfluss auf das Verhandlungsgeschehen haben. Bei den Interventionen geht es auch hier immer darum, eine Win-Win-Dynamik zu erreichen. Analog zu den Interventionen auf der Werteebene steigert sich der Grad der Intervention zunehmend auf der interpersonellen Ebene, respektive auf den Stufen 3 bis 6.

1. **Selbstwahrnehmung** (intrapersonell): In einem ersten Schritt soll der eigene Persönlichkeitsstil analysiert werden. Dies kann beispielsweise mittels der in Abschnitt 8.3 ausgeführten Spider-Grafik erfolgen, anhand derer die eigenen Persönlichkeitsaspekte respektive die individuelle Wertepriorisierung verdeutlicht werden.

2. **Selbsterkenntnis** (intrapersonell): In einem zweiten Schritt geht es darum, sich bewusst zu werden, welche Anteile des Persönlichkeitsstils sich auf welche Weise auf die Verhandlungsdynamik auswirken und inwiefern wir diese Anteile als Ressourcen nutzen möchten.

3. **Selbsterklärung** (interpersonell): In einem dritten Schritt folgt das Offenlegen des eigenen Persönlichkeitsstils dem Verhandlungspartner gegenüber.

4. **Selbst- und Fremdabgleich** (interpersonell): Im vierten Schritt geht es darum, die Persönlichkeitsstile der sich am Verhandlungstisch befindenden Personen abzugleichen, um ein gegenseitiges Verständnis für bestimmte Verhaltensmuster zu erzeugen.

5. **Selbstbewusstsein** im Sinne von Selbstsicherheit (interpersonell): Im fünften Schritt geht es darum, zum eigenen Persönlichkeitsstil zu stehen und sich für diesen in der Verhandlung einzusetzen – ohne dabei die Win-Win-Dynamik aufzugeben.

6. **Selbstbehauptung** (interpersonell): Sollten die zuvor beschriebenen Interventionen nicht greifen, geht es im sechsten Schritt um die Bewahrung der eigenen Integrität bezüglich des eigenen Persönlichkeitsstils und nicht verhandelbarer Persönlichkeitsaspekte.

7. **Selbstreflexion** (intrapersonell): Als siebten Schritt sieht das Zürcher Verhandlungsmodell vor, den eigenen Persönlichkeitsstil vor dem Hintergrund des erlebten Verhandlungsprozesses zu reflektieren und sich zu fragen, welchen Einfluss die eigene Persönlichkeit auf den Verhandlungsablauf hatte und ob sich hier gegebenenfalls ein Veränderungsbedarf oder ein Lernfeld für zukünftige Verhandlungen abzeichnet.

An dieser Stelle muss betont werden, dass wir – besonders bei einer 1:1-Verhandlung – selbst einen großen Anteil zur jeweils vorherrschenden Dynamik beitragen. Manchmal hilft es auch, die eigene Einstellung – im Sinne einer intrapersonellen Intervention auf der Persönlichkeitsebene – zu hinterfragen und dem Gegenüber möglichst unvoreingenommen zu begegnen.

▶ Vor vielen Jahren, als ich mich noch nicht professionell mit dem Thema Verhandeln beschäftigte und die in einer Verhandlung wirkenden Mechanismen noch nicht kannte, begab sich folgende Begebenheit:

Es war ein unfreundlicher Montagmorgen; draußen war es kalt und es regnete. Meine Tochter, damals sieben Jahre alt, musste zur Schule und ich sah zufällig und gerade noch rechtzeitig, dass sie das Haus ohne Regenjacke verlassen wollte. Ich stoppte sie und sagte: «Du musst noch die Regenjacke anziehen.» Darauf erwiderte sie: «Nein, ich ziehe sie nicht an.» Spontan doppelte ich nach und sagte: «Doch, du ziehst sie an!» worauf sie wieder meinte, dass sie die Jacke nicht anziehen werde.

Obwohl dieser kleine Disput zwischen meiner Tochter und mir nur wenige Sekunden dauerte, war mir in dem Moment bewusst, dass ich jetzt Gefahr laufen könnte, meinem manchmal dominanten Wesen nachzugeben und meine Machtposition kraft meiner «Autorität» als Vater auszunutzen und darauf zu bestehen, dass sie die Regenjacke anzieht.

Glücklicherweise gab ich diesem Impuls nicht nach und fragte meine Tochter stattdessen, weshalb sie die Jacke nicht anziehen wolle. Sie antwortete, dass sie das letzte Mal, als sie die Jacke in der Schule anhatte, von ihren Freundinnen ausgelacht worden sei. Ohne dass wir es als Eltern bemerkt hatten, war ihr die Jacke nämlich zu kurz geworden, weil sie gewachsen war.

Ihr Interesse war es, in der Schule nicht ausgelacht zu werden. Mein Interesse war, dass sie sich bei dem schlechten Wetter nicht erkältete. Wir machten zwar kein Brainstorming im klassischen Sinne, aber wogen trotzdem einige Optionen ab: So schlug ich vor, sie mit dem Auto zur Schule zu bringen oder sie mit einem Regenschirm zur Schule zu begleiten. Da ihr das aber peinlich war, einigten wir uns darauf, dass sie eine warme Wolljacke anzog und einen Regenschirm benutzte.

In der gleichen Woche kauften wir am schulfreien Nachmittag dann eine neue Regenjacke. ◀

Sollten die Persönlichkeitsstile der involvierten Akteure nicht kompatibel (Chemie stimmt nicht) und/oder die oben beschriebenen Interventionen nicht erfolgreich sein, dann empfiehlt sich die Überlegung, ob das Team verändert werden kann (weitere/andere Personen beiziehen bis hin zum Delegieren) oder ob eine dritte Partei als Moderatorin/Mediatorin beigezogen werden sollte.

11 Besondere Herausforderungen

Die bisherigen Ausführungen konzentrieren sich auf die grundlegenden Parameter des Verhandlungsmodells. Sie betreffen die Systematik, die Orientierung am humanistischen Menschenbild und die Mechanismen, die im gesamten Verhandlungsprozess zum Zug kommen. Das Verhandlungsziel, eine in Kooperation erarbeitete Mehrwertlösung, kann so bewusst und strukturiert erreicht werden. Dabei haben wir gesehen, dass ein nachhaltiges Win-Win-Ergebnis nur unter gegenseitiger Wahrung der Integrität und auf der Basis geteilter Werte möglich ist. Besondere Situationen und Aspekte, die im praktischen Verhandlungsalltag die Verhandlungsdynamik mitbeeinflussen, wurden dabei bewusst ausgespart, um sie hier separat und ausführlicher behandeln zu können.

Zu den wichtigsten Aspekten zählt dabei die ungleiche Verteilung von Macht, – eine Situation, die in Verhandlungskontexten sehr häufig auftritt. Weitere Themen sind Manipulation, drohender Gesichtsverlust, fehlende Transparenz, Abwesenheit des Entscheiders, das Vorhandensein einer Hidden Agenda, effektive Kommunikation, Verhandeln im Team sowie spezifische Herausforderungen multilateraler Verhandlungen.

11.1 Wenn Macht ungleich verteilt ist

Wenn im Verhandlungskontext von Macht, Machtgefällen, ungleicher Machtverteilung, oder von Machtausübung gesprochen wird, ist dies häufig im Kontext ungleich guter BATNAs der involvierten Parteien zu sehen. Wie wir bereits gesehen haben, bestimmt die subjektiv wahrgenommene, vorgetäuschte (Bluff) oder tatsächliche Qualität der BATNA die gegenseitige Abhängigkeit und somit ein mögliches Machtgefälle zwischen den Verhandelnden sowie die Ansprüche an ein Verhandlungsergebnis:

- Wenn beide Seiten über eine schlechte BATNA verfügen, ist die gegenseitige Abhängigkeit und die Möglichkeit groß, dass die Parteien rasch auch einer inhaltlich nicht optimalen Lösung zustimmen.
- Wenn beide Parteien über eine gute BATNA verfügen, ist die gegenseitige Abhängigkeit geringer und der Anspruch an die Lösung größer, weil die Lösung besser sein muss als die jeweilige BATNA.
- Wenn eine Partei über eine gute, die andere Partei aber über eine schlechte BATNA verfügt, ist die Abhängigkeit einseitig – wodurch die Gefahr besteht, dass die mächtigere Partei, die also über die bessere BATNA verfügt, die Abhängigkeit der anderen Partei als Druckmittel benutzt.

Macht ist ein politisch-soziologischer Grundbegriff, der sowohl die Befähigung beschreibt, auf das Denken und Handeln von Personen oder Personengruppen Einfluss zu nehmen, als auch die Fähigkeit, Ziele zu erreichen, ohne sich äußeren Ansprüchen und Einflussnahmen unterwerfen zu müssen. Macht ist somit ein Potenzial, oder, wie es der deutsche Soziologe Max Weber 1922 formulierte: «eine Chance, die unterschiedlich genutzt werden kann.»[57] Je nachdem, wie dieses Potenzial genutzt wird, kann man gemäß dem Psychologen Wolfgang Scholl zwischen zwei Formen sozialer Einwirkung unterscheiden: der Einflussnahme und der Machtausübung.

- «Einflussnahme ist eine intendierte Einwirkung von A auf das Erleben und/oder Handeln von B, die im Einklang mit den Interessen von B steht, d. h. die Interessen von B werden gewahrt oder sogar gefördert.»
- «Machtausübung ist eine intendierte Einwirkung von A auf das Erleben und/oder Handeln von B, die gegen die Interessen von B ist, d. h. die Interessen von B werden verletzt.»[58]

Der Begriff Einflussnahme ist nach Scholl im Deutschen positiv konnotiert, dem Begriff der Machtausübung haftet hingegen eine negative Konnotation an.[59] Es handelt sich dabei um unterschiedliche Wertehaltungen, mit denen man sich in Verhandlungen begegnen kann. Die Unterscheidung ist im Zürcher Verhandlungsmodell zentral, weil die Wertehaltung bestimmt, welche Verhandlungsdynamik in einer Verhandlung entsteht und ob wir eine Mehrwertlösung finden können.

Während gegenseitige Einflussnahme zur Erreichung von gemeinsamen Lösungen zum Kern des Verhandelns gehört, ist das Ausüben von Macht für das Zustandekommen von nachhaltigen Verhandlungslösungen ein Hindernis. Machtausübung der einen Verhandlungspartei führt in der Regel zu Widerstreben oder offenem Widerstand der Gegenpartei und kann in der Folge nur mit noch restriktiveren Machtgrundlagen aufrechterhalten werden, was bei der anderen Seite wiederum die negative Grunddisposition verstärkt.

Im Verhandlungsalltag geschieht es oft, dass eine Seite über eine bessere BATNA als die Gegenseite verfügt und deshalb bestrebt ist, Macht auszuüben, indem sie einseitig Forderungen einbringt und mit der BATNA droht, um sie durchzusetzen. Ein Beispiel dazu: Die machtausübende Partei stellt die Gegenpartei vor die Wahl: «Entweder Sie kommen mir noch zehn Prozent entgegen (Position/Forderung) oder wir kommen nicht miteinander ins Geschäft (Rückzugspunkt/BATNA).» In diesem Fall versucht die fordernde Partei, den Verhandlungspartner zu erpressen und eine Win-Lose-Lösung durchzusetzen.

Weshalb aber lassen sich Menschen unter Druck setzen und stimmen auch Lösungen zu, die ihren Interessen zuwiderlaufen und in eine Lose-Win-Situation münden? Weil die BATNA auch für die «ohnmächtige» oder weniger mächtige Seite von zentraler Bedeutung ist. Wenn eine schlechte, durch Machtausübung zustande gekommene Lösung für diese Partei noch immer besser ist als die eigene BATNA, kann es durchaus Sinn ergeben, einer solchen Lösung zuzustimmen.

▶ Vor einiger Zeit saß ich mit dem CEO einer Holding an seinem Besprechungstisch, weil er ein Verhandlungstraining für seine Abteilungsleiter buchen wollte. Anlässlich dieses Gesprächs diskutierten wir auch über die verschiedenen Verhandlungsstrategien. Irgendwann meinte der CEO: «Aber sind wir doch ehrlich, Herr Bullinger – das Einzige, was zählt, ist doch, wer gewinnt.» Am Beispiel einer Verhandlung, die sein Unternehmen einige Monate zuvor mit einem Lieferanten geführt hatte, versuchte er mir dies zu veranschaulichen.

Am Ende der Geschichte zeichnete er auf einem Papier ein großes Quadrat mit einem Plus-Zeichen in der Mitte und daneben ein kleines Rechteck mit einem Minus-Zeichen darin. Er deutete auf das große Quadrat und meinte: «Das waren wir – meine Jungs (es waren auch wirklich alles Männer) haben einfach besser verhandelt!» Er strahlte mich an und wartete auf meine Zustimmung. Ich antwortete ihm: «Das ist eine spannende Geschichte. Und wie ging das Ganze weiter?» Darauf räusperte er sich, legte er seinen Kopf in den Nacken, streckte die Arme in die Höhe und meinte: «Bitte erinnern Sie mich nicht daran – der Lieferant hat sich kürzlich von uns getrennt.»

Was war geschehen? Der Lieferant musste bei dieser Verhandlung kurzfristig in den sauren Apfel beißen und das für ihn nachteilige Ergebnis akzeptieren, weil er keine bessere BATNA hatte. Das Schaffen dieser Win-Lose-Situation bewog ihn dann aber offensichtlich dazu, sich von der Abhängigkeit von seinem Win-Lose-orientierten Kunden zu lösen und sich eine bessere Alternative aufzubauen.

Von außen betrachtet könnte man sagen, dass der kurzfristige Gewinn sich auch für den vermeintlichen Gewinner in einem Verlust niederschlug, weil er so einen Lieferanten verlor. Noch im gleichen Gespräch einigten wir uns auf ein Verhandlungstraining für seine Führungscrew. ◀

Nun kann es sein, dass die eigene Integrität vom Gegenüber in einer Weise verletzt wird, dass man die Verhandlung eigentlich unmittelbar abbrechen möchte, dies aber nicht kann, weil man übergeordnete Interessen wahren muss und ein Abbruch folgenschwere Auswirkungen mit sich bringen würde. In einem solchen Dilemma wird, je nach Persönlichkeit der verhandelnden Person, die Integrität möglicherweise zeitweise aufgegeben – zugunsten eines größeren Ganzen.

Aber auch in einer solchen Situation sollte die rasche Wiederherstellung der eigenen Integrität angestrebt werden. Dies kann einerseits durch Werte- und Beziehungsarbeit mit dem Gegenüber erfolgen – oder indem man sich vom Verhandlungspartner ganz abwendet und die eigenen Interessen auf einem anderen Weg zu befriedigen versucht. Wenn man sich für die Beziehungsarbeit entscheidet, kann diese nur dann erfolgreich gelingen, wenn sie innerhalb eines sicheren Rahmens erfolgt. Das heißt, dass die Integritätswahrung angesprochen und mittels eines Wertediskurses eingefordert und gegenseitig zugesichert werden müsste. Dies kann allenfalls durch gemeinsam vereinbarte Spielregeln hergestellt werden, wobei in einem solchen Fall dem Thema der Verbindlichkeit große Bedeutung zukommt. Wenn weder ein Abbruch in Kauf genommen werden kann noch eine erfolgreiche Beziehungsarbeit möglich ist, und von der verletzenden Seite zusätzliche, gar demütigende Machtdemonstrationen erfolgen, ist es vielleicht nötig, in den sauren Apfel zu beißen und höchste Zeit, sich so rasch wie möglich um die Verbesserung der eigenen BATNA zu kümmern, um so die Abhängigkeit vom Gegenüber zu verringern.

Gleichzeitig stellt sich die Frage, weshalb eine Verhandlungspartei versucht, die eigene Macht so auszuspielen, dass sie die andere Seite in die Knie zwingt. Dafür gibt es aus Sicht des Zürcher Verhandlungsmodells mehrere mögliche Gründe:

1. Die machtausübende Partei fühlt sich angesichts früherer Verhandlungsresultate als Verliererin und möchte die erlittene Niederlage inhaltlich oder emotional ausgleichen.

2. Die machtausübende Partei kennt kein anderes Vorgehen und ist sich nicht bewusst, dass sie mit einer Win-Win-Verhandlungsstrategie auch für sich selbst inhaltlich bessere Ergebnisse erzielen könnte.
3. Die machtausübende Partei steht unter Zeitdruck und geht davon aus, mit ihrem Vorgehen am schnellsten zu einer Lösung zu kommen.
4. Die machtausübende Partei baut Zeitdruck auf, weil sie davon ausgeht, so am schnellsten zu einer Lösung zu kommen.
5. Die Forderungen (= Positionen), welche die machtausübende Partei vorbringt, hat sie von anderer Stelle als Zielvorgaben erhalten.
6. Die machtausübende Partei möchte die eigene Macht «auskosten».
7. Die machtausübende Partei möchte oder muss – aus Imagegründen – in den eigenen Reihen oder in der Öffentlichkeit als «harter Hund» dastehen.

Befinden wir uns in einer solchen Verhandlungssituation, sollten wir versuchen, herauszufinden, welcher dieser Gründe für das Verhalten der Gegenpartei verantwortlich ist und darauf angepasst reagieren:

1. Können wir die Machtausübung auf einen früheren Verhandlungskonflikt zurückführen, sollten wir diese Verhandlung nochmals besprechen und das Geschehen auf der Beziehungsebene analysieren und in einem ersten Schritt versuchen, die Beziehung zu bereinigen.
2. Übt eine Partei Macht aus, weil sie das Potenzial von Win-Win-Lösungen nicht kennt, dann ist es angebracht, ihr das Prinzip und das Potenzial von Mehrwertlösungen aufzuzeigen und möglicherweise anhand eines Beispiels zu verdeutlichen.
3. Steht eine Partei unter Zeitdruck und hält an ihren Forderungen fest, obwohl sie dabei auf Widerstand stößt, könnte man sie darauf hinweisen, dass die Verhandlung mit dieser Strategie wohl länger dauert als bei einem Umschwenken auf eine Win-Win-Strategie.
4. Übt eine Partei Zeitdruck aus, obwohl sie mit ihren Forderungen auf Widerstand stößt, könnte man sie darauf hinweisen, dass man sich nicht unter zeitlichen Druck setzen lässt und die Verhandlung mit dieser Strategie so länger dauert als bei einem Umschwenken auf eine Win-Win-Strategie.
5. Wird eine Partei nicht durch die entscheidungsbefugte Person, sondern durch eine ausführende Person vertreten, kommt der Form des erteilten Verhandlungsmandates mit Blick auf die zu erwartende Verhandlungsdynamik

eine zentrale Bedeutung zu. Wurde das Mandat in Form einer konkreten Zielvorgabe (= Position) formuliert, hat die ausführende Person wenig bis keinen Verhandlungsspielraum und die Verhandlung droht in einem Feilschprozess zu enden. Über Macht verfügende Verhandlerinnen oder Verhandler können in einer solchen Situation dazu neigen, die vorgegebene Position durchzudrücken und so ihr persönliches Interesse zu befriedigen, nämlich das Interesse, den Auftrag zur Zufriedenheit der entscheidungsbefugten Person zu erfüllen. Wie man mit solchen Situationen umgeht, wird in Abschnitt 11.6 weiter ausgeführt.

6. Dieses Verhalten ist mir in meiner langjährigen Verhandlungspraxis noch nicht oft begegnet und erst einmal hat mir mein Verhandlungspartner, der sich selber in seinen beruflichen Verhandlungen häufig der Macht des Gegenübers ausgesetzt sieht, diese Motivation offengelegt. Vergleichen Sie dazu das Beispiel auf Seite 134.
7. Wenn jemand als «harter Hund» gelten möchte, ist das ein weiteres Interesse, das in der Verhandlung befriedigt werden muss, damit diese Person der Lösung zustimmt. Dies könnte beispielweise geschehen, indem eine gemeinsame Sprachregelung zum Verhandlungsergebnis kommuniziert wird.

Das Thema Machtausübung ist deshalb von großer Bedeutung, weil in Verhandlungssituationen praktisch niemals exakt gleiche Machtverhältnisse herrschen. Solche Machtgefälle stellen kein Problem dar, solange man sich auf Augenhöhe begegnet und die Macht nicht dazu genutzt wird, Druck auszuüben und das Gegenüber inhaltlich in die Knie zu zwingen beziehungsweise einer für sie nachteiligen Lösung zuzustimmen.

In Fällen von Machtausübung empfiehlt sich dasselbe Vorgehen wie bereits beschrieben: Es gilt, Einwände auf den vier Prozessebenen des Zürcher Verhandlungsmodells und die daraus resultierenden Verhaltensweisen der machtausübenden Partei zu ergründen und sie über Werteinterventionen auf Augenhöhe zu bringen und ihre Interessen zu ergründen. Darauf aufbauend können wir nun eine Kreativitätsfrage stellen und gemeinsam Optionen entwickeln, die eine Mehrwertlösung ermöglichen, die das von der machtausübenden Partei anfänglich angestrebte Verhandlungsziel sogar noch übertrifft. Wenn dies mit einem Verhandlungspartner oder einer -partnerin einmal gelungen ist, wird es – an diese Erfahrung anknüpfend – in künftigen Verhandlungen einfacher, anstelle von Machtausübung auf Win-Win zu vertrauen.

Gerade bei ungleicher Machtverteilung empfiehlt es sich, mit dem Gegenüber über die Art zu sprechen, wie man miteinander verhandeln möchte – also auf der Metaebene eine Verhandlung über die Verhandlung zu führen. Bei einer solchen Diskussion hilft das Ansprechen von Werten, die für uns als Basis für eine gute Verhandlung unerlässlich sind. Und vergessen Sie nicht: Solange jemand, der mächtiger ist, an den Verhandlungstisch kommt, verspricht er sich noch etwas vom weniger Mächtigen. Wenn es gelingt, herauszufinden, weshalb er noch am Verhandlungstisch weilt, beziehungsweise welche seiner Interessen er von der anderen Seite befriedigt haben möchte, können diese gezielt thematisiert werden.

Das Zürcher Verhandlungsmodell stellt beim Umgang mit Macht die Werteebene ins Zentrum und bietet mit den entsprechenden Interventionen auf der Werteebene Handlungsoptionen an, die geeignet sind, den möglichen negativen Einfluss der ungleichen Macht zu eliminieren. Gleichzeitig öffnet es beim Thema «Macht» den Fokus über die Werteebene und die BATNA hinaus, indem es noch weitere Faktoren einbezieht, die im Verhandlungskontext den Machtaspekt positiv beeinflussen können.

- Versuchte Machtausübung kann – unabhängig von der Qualität der BATNA – auch entkräftet werden, wenn eine Partei über die notwendige Verhandlungskompetenz verfügt und den Verhandlungsprozess in Richtung Win-Win beeinflussen und steuern kann.
- Die Fähigkeit, kreative, elegante und überraschende Lösungen einzubringen, kann ungleiche Machtverhältnisse unwirksam machen und Verhandlungsdynamiken in Richtung Win-Win steuern.
- Ebenso ist die Fähigkeit, die Beziehung zum Gegenüber positiv und wertschätzend zu gestalten, dem Gegenüber empathisch zu begegnen, ein Gut, das – entsprechend eingesetzt – geeignet ist, Machtansprüchen zu begegnen und einen Austausch auf Augenhöhe herbeizuführen.
- Nicht zuletzt führt eine hohe persönliche Integrität zusammen mit einem ausgeprägten Werteverständnis zu einem selbstbewussten Standing, das geeignet ist, Respekt auf- und Machtgefälle abzubauen. Ein Mensch mit einer integren Wertehaltung macht einen authentischen und aufrichtigen Eindruck und ruft eine entsprechende Resonanz beim Gegenüber hervor.

Auch inhaltlich sind durch den Einsatz von Macht erzwungene Verhandlungsergebnisse selten die besten Lösungen, weil so der nur gemeinsam erschließbare

Zusatznutzen und Mehrwert nicht erschlossen wird. Zudem, und das ist wohl der entscheidendste Punkt, belastet der Einsatz von Macht die Beziehung und somit die Nachhaltigkeit der erreichten Lösung. Diese Nachteile können in einer von Machtausübung geprägten Verhandlung auch thematisiert werden.

Neben dem Einsatz von Macht über die inhaltlich-faktische Ebene (drohen mit der BATNA) kann sich der Gebrauch von Macht auch im Einsatz von Manipulationstechniken manifestieren.

▶ Einmal kam ein Herr zu mir ins Büro, weil er von mir Unterstützung für eine bevorstehende Verhandlung wollte. Ganz zu Beginn im Rahmen der Begrüßung, wir hatten uns noch nicht einmal gesetzt, meinte er, dass er mir im Sinne der Transparenz sagen wolle, dass er bereits bei meiner Konkurrenz gewesen wäre. Die würden nach Win-Lose verhandeln und den Einsatz von Manipulation und Macht empfehlen, sofern diese vorhanden sei. Und dies habe für ihn bisher auch immer super funktioniert.

Etwas erstaunt über diesen Einstieg und die Aussage fragte ich ihn, weshalb er denn jetzt zu mir komme, wenn es doch mit dem Vorgehen meiner «Konkurrenz» immer so wunderbar funktioniert habe. Darauf meinte er: «Die Beziehungen waren danach immer im Eimer.» ◀

11.2 Wenn Manipulation im Spiel ist

Obwohl wir im Zürcher Verhandlungsmodell unfaire Verhandlungstaktiken und Manipulation in der «Win-Lose-Ecke» ansiedeln, ist es wichtig, zu verstehen, welche Mechanismen dabei wirken und welche Intentionen und Ziele damit verbunden sind. Als Verhandlungspartei können wir uns immer bewusst für oder gegen unfaire Taktiken und Manipulation entscheiden. Wenn hingegen eine Verhandlungspartei unfair und manipulativ vorgeht, müssen wir darauf reagieren können. Wenn wir hier den Begriff «Manipulation» verwenden, sprechen wir immer auch von Machtausübung: «Manipulation ist eine Machtausübung von A auf B, die von B entweder gar nicht bemerkt wird oder als Einflussnahme wahrgenommen wird, weil die Verletzung der Interessen von B nicht bemerkt wird, d.h. die Interessen von B werden verletzt, aber es wird von B nicht registriert oder nicht A zugeschrieben.»[60]

Ziel einer Manipulation ist es, das Gegenüber zu täuschen, zu übervorteilen und zu einer Verhandlungslösung zu bewegen, die hauptsächlich dem Manipulierenden Vorteile bringt. Manipulationstaktiken arbeiten immer mit der Vermischung von Beziehungs- und Sachebene: Eine Verhandlungspartei versucht, über die Beziehungsebene derart Einfluss zu nehmen, dass sie auf der Sachebene ihre Verhandlungsziele durchsetzt. Dabei gibt es grundsätzlich zwei unterschiedliche Vorgehensweisen, die beide dem Grundprinzip der Vermischung von Beziehung und Sache folgen:

- Negative Beeinflussung über die Beziehungsebene: In diesem Fall versucht die eine Partei, bei der anderen Partei Ängste zu schüren oder ein schlechtes Gewissen zu provozieren (beispielsweise indem man «auf die Tränendrüse drückt»), damit diese einer Lösung zustimmt, der sie ursprünglich gar nicht zustimmen wollte.
- Positive Beeinflussung über die Beziehungsebene: In diesem Fall versucht die eine Partei, den Verhandlungspartner «um den Finger zu wickeln». Sie arbeitet auf eine gute Stimmung hin, damit die Gegenpartei innerlich in das Dilemma gerät, sich zwischen einer guten Beziehung und einer für sie nachteiligen Lösung entscheiden zu müssen.

Damit wir auf Manipulationsversuche professionell und stilvoll reagieren können, sollten wir wissen, dass – ähnlich wie bei einem Zaubertrick – eine Manipulation nur so lange funktioniert, wie wir sie nicht erkennen oder entlarven. Mit diesem Wissen im Hinterkopf können wir situationsbezogen entscheiden, wie wir auf den Manipulationsversuch reagieren respektive die Manipulation entlarven wollen. Dabei ist es angezeigt, das Gegenüber nicht das Gesicht verlieren zu lassen. Wenn wir aber beispielsweise darauf hinweisen, dass wir beim Vorschlag des Verhandlungspartners ein ungutes Gefühl haben und wir uns die Sache nochmals überlegen möchten, spürt das manipulativ auftretende Gegenüber unter Umständen bereits, dass es mit dem Manipulationsversuch nicht weiterkommt. Wir signalisieren also, dass wir Unstimmigkeiten wahrnehmen, ohne die Manipulation explizit zu benennen. Die Botschaft ist aber dieselbe: Wir machen klar, dass wir uns dem Manipulationsversuch entgegenstellen.

Das sogenannte Ankern beziehungsweise «Anchoring»[61] hat ebenfalls manipulativen Charakter. Ankern findet beispielsweise statt, wenn in Preisverhandlungen ein übertriebener Anfangswert – ein Anker – gesetzt wird, mit der Absicht, den Endpreis in Richtung dieses Anfangswerts zu bringen. Die ankernde Verhandlungspartei setzt diesen Wert, um die Gegenpartei zu verunsichern, sodass diese von ihren Preisvorstellungen abrückt und sich ohne zwingenden Grund dem Ankerwert annähert. Das Setzen eines Ankers wird aber oft mit dem Setzen eines Gegenankers erwidert, sodass die Verhandlung schließlich in ein Feilschen und in nicht tragfähige Kompromisse mündet.[62]

Sollte Ihr Gegenüber einen Anker setzen, fragen Sie doch einfach zurück, wie diese (vermutlich willkürlich gewählte) Zahl respektive dieser Anker zustande gekommen ist. Mit dieser Frage führen Sie die Verhandlung weg von Willkür, «nackten» Zahlen und der Feilschkurve, hin zu einer Diskussion über mögliche Fairness-Kriterien, die bei der Verteilfrage beigezogen werden könnten. Im Modell begeben Sie sich so auf die 5. Stufe (Kriterien). Da bei einem solchem Vorgehen davon auszugehen ist, dass noch nicht genügend Interessen ausgetauscht und Optionen entwickelt worden sind, schlagen Sie vor, nochmals auf diese Stufen zurückzukehren und die Frage nach der Verteilung für den Moment auszusetzen. Es kann durchaus sein, dass kreative Lösungen den Mehrwert für beide so vergrößern, sodass die möglicherweise zu Beginn auf dem Tisch liegende Frage nach der Verteilung eines anfänglichen Werts hinfällig wird.

Beim Ankern besteht zusätzlich die Gefahr, dass der Anker so hoch oder tief gesetzt wurde, dass das Gegenüber dadurch brüskiert oder in der Ehre verletzt wird und aus der Verhandlung aussteigt.

▶ Zwei Seminarteilnehmer erzählten, wie sie über sogenannte Mehrjahresverträge zu verhandeln hatten. Der Verhandlungsraum war karg ausgestattet, Snacks und Wasser gab es nicht, doch das war nicht das eigentliche Problem. Die Stühle, die der Geschäftspartner für die beiden vorgesehen hatte, waren der Sonne entgegen ausgerichtet; die Jalousie war ganz nach oben gefahren. Infolge dieses optischen Reizes fühlten sich die beiden unter Druck gesetzt, sahen allerdings davon ab, das Problem zu thematisieren.

Ob es sich bei der Wahl des Settings und der Sitzordnung um einen Manipulationsversuch des Geschäftspartners handelte, wissen wir nicht. Vielleicht wurden die Sitzplätze den Gästen auch deshalb angeboten, damit sie die schöne Aussicht genießen konnten …

Sollten Sie einmal in eine ähnliche Situation kommen: Wehren Sie sich. Thematisieren Sie, dass es Ihnen unmöglich ist, einen klaren Gedanken zu fassen, während Sie von der Sonne geblendet werden: «Wäre es möglich, die Jalousie nach unten zu bewegen, den Tisch anders auszurichten oder den Raum zu wechseln?» Sollte die Gegenseite dies verweigern, erhärtet sich der Verdacht eines Manipulationsversuchs. In diesem Fall hätte die Gastgeberseite versucht bei den Gästen ein Unwohlsein zu erzeugen oder sie ggf. sogar einzuschüchtern. ◀

Eine häufig anzutreffende Manipulationstaktik ist das Spiel «Good Cop – Bad Cop». Man kennt es aus Krimis, in denen ein Verdächtigter, von einem Scheinwerfer geblendet, von zwei Polizeibeamten durch ein Wechselbad der Gefühle getrieben wird: Der Good Cop baut ihn emotional auf, worauf der Bad Cop ihn wieder unter Druck setzt. Dieses Spiel wird so lange wiederholt, bis der Verdächtige emotional so verunsichert ist, dass er gesteht und zu etwas ja sagt, zu dem er gar nicht ja sagen möchte. Dieses Prinzip wird auch in Verhandlungen angewendet: Der Good Guy begegnet der Gegenseite überfreundlich und entgegenkommend und versucht so die Beziehung zu stärken. Dann meldet sich der Bad Guy zu Wort und stellt eine übertriebene Forderung in den Raum, wodurch das Dilemma entsteht, sich zwischen der guten Beziehung und dem schlechten Ergebnis entscheiden zu müssen. Und wenn sich der Good Guy inhaltlich einbringt und man versucht ist, sich an ihn zu halten, ist sein Vorschlag zwar besser als derjenige des Bad Guy aus seinem Team, aber leider immer noch unterhalb einer fairen Lösung. Das ganze Theater spielt somit auf einem zu tiefen Niveau. Auch hier hilft es, der Gegenseite auf eine souveräne Art zu verstehen zu geben, dass man das Spiel erkannt hat. Dies wird unweigerlich dazu führen, dass die manipulierende Gegenseite damit aufhört.

Manipulation funktioniert nur so lange, bis sie erkannt und aufgedeckt wird.

11.3 Wenn eine Hidden Agenda vermutet wird

Von einer Hidden Agenda sprechen wir, wenn Interessen nicht offen in eine Verhandlung eingebracht werden, aber trotzdem durch das Verhandlungsergebnis befriedigt werden sollen. Damit ein nicht offengelegtes Interesse trotzdem befriedigt werden kann, muss folglich entweder eine Position durchgesetzt oder eine Option in die Verhandlung gebracht werden, die man dem Gegenüber schmackhaft machen kann. Warum jemand gewisse Interessen nicht offenlegen möchte, kann unterschiedliche Gründe haben:

- Ein gängiger Grund ist, dass der Person, die eine Position in eine Verhandlung einbringt, ihr dahinterliegendes **Interesse selbst nicht bewusst** ist. Wir neigen nämlich dazu, bei einem auftretenden Problem, das eine Verhandlung nach sich zieht, unmittelbar und schon vor der Verhandlung zu überlegen, wie sich das Problem lösen lässt. Wenn dann diese vorgedachte Lösung als Position in die Verhandlung eingebracht wird, stößt sie vielfach auf Widerstand, weil die Interessen der anderen Partei in der Regel nicht oder nicht ausreichend berücksichtigt wurden. In einem solchen Fall kann man dieser Person als Verhandlungspartner mit Fragen helfen, die Interessen ins Bewusstsein zu bringen. Es muss also gar nicht immer eine schlechte Absicht sein, dass gewisse Interessen nicht offengelegt werden.

- In anderen Fällen kann das Offenlegen von Interessen durch ein **Schamgefühl** verhindert werden, beispielsweise wenn ich etwas durchsetzen soll, das jemand an höherer Stelle von mir verlangt. Mit der Offenlegung des Interesses, nämlich diese Vorgabe zu erfüllen und bei der Vorgesetzten gut dazustehen, wird gleichzeitig sichtbar, dass ich in diesem Fall nicht eigenverantwortlich handeln kann.
- Es kommt auch vor, dass jemand vor außenstehenden Personen damit geprahlt hat, ein bestimmtes Verhandlungsergebnis erzielen zu können. Wenn dieses als Position in die Verhandlung eingebracht wird und dann aber doch voraussichtlich nicht erreicht werden kann, droht ein **Gesichtsverlust.** Dieses Interesse der Gesichtswahrung wird ebenfalls häufig verheimlicht. Auch vor dem Verhandlungspartner oder der Verhandlungspartnerin könnte man nämlich das Gesicht verlieren, wenn zutage tritt, dass man sich im Vorfeld der Verhandlung unprofessionell verhalten hat.
- Auch **fehlendes Vertrauen** in das Gegenüber kann dazu führen, dass Interessen verheimlicht werden, da befürchtet wird, dass das Gegenüber diese Information ausnutzen könnte.
- Wenn jemand die andere Seite täuschen und in eine Win-Lose-Situation bringen will, werden die Interessen aus **taktischen Gründen** verheimlicht. Sobald nämlich ein Interesse genannt würde, hättet die andere Seite einen Ansatzpunkt, um weitere Lösungsmöglichkeiten in die Verhandlung einbringen zu können.
- Es kommt auch vor, dass jemand der Meinung ist, dass es das Gegenüber nichts angeht oder dass die eigenen Beweggründe Privatsache seien und deshalb die Interessen nicht vorgebracht werden.

Da ohne beidseitige Kenntnis der relevanten Interessen eine gemeinsame und zielgerichtete Lösungssuche nicht möglich ist, besteht bei einer Hidden Agenda die Gefahr, dass die Verhandlung in eine Sackgasse gerät und in einem Feilschen um Positionen endet.

Wie aber können wir in einer solchen Situation trotzdem versuchen, eine Mehrwertlösung anzustreben?

Zunächst gilt es, der Gegenseite gut zuzuhören – auch zwischen den Zeilen. Denn oftmals macht sich ein verstecktes Interesse unbeabsichtigt bemerkbar, beispielsweise in einem Neben- oder Nachsatz oder in Form einer flapsigen Bemerkung. Es gilt also, durch aufmerksames Zuhören Hinweise auf ein verstecktes Interesse wahrzunehmen, um – in dieser speziellen Situation – ein nicht ausgesprochenes Interesse gegebenenfalls vermuten zu können. Ob die Vermutung richtig oder falsch war, wird sich bei der Bewertung der Optionen zeigen.

Wenn wir das Gegenüber nun direkt auf eine vermutete Hidden Agenda ansprechen, ist dies unter Umständen problematisch, da das Vorgehen beim Gegenüber zu Gesichtsverlust führen kann. Wenn wir also eine Hidden Agenda vermuten, aber davon ausgehen müssen, dass entsprechendes Nachfragen mehr Schaden anrichtet als Informationen liefert, sollten wir es lieber unterlassen. Wir können jedoch die vermutete Hidden Agenda gedanklich beim Entwickeln von Optionen einbeziehen und das Spektrum der Optionen so weit öffnen, dass möglichst viele und vielfältige Interessen – einschließlich der vermuteten Hidden Agenda – integriert werden. Ein solches Vorgehen erhöht die Chance auf eine Einigung und liefert unter Umständen auch Hinweise darauf, ob eine Hidden Agenda tatsächlich vorhanden ist.

▶ Ich wurde als Moderator zu einer Verhandlung beigezogen, die sich bereits seit zwei Jahren im Kreis drehte und nicht zu einem Abschluss gebracht werden konnte.

Drei Parteien hatten sich erfolglos um Geld gestritten, das von allen dreien in einen gemeinsamen Topf einbezahlt worden war. Als es um die Aufteilung ging, meinte die erste Partei, dass sie der Meinung sei, der gesamte Betrag stünde ihr zu. Darauf entgegnete Partei Nr. 2, dass das Geld, sollte es tatsächlich nur einer Partei zukommen, sicherlich nicht der anderen, sondern ihr selber gehören müsste. Und Partei Nr. 3 meinte, das Geld sollte nach einem bestimmten Verteilschlüssel aufgeteilt werden. Die drei hatten sich während zwei Jahren versucht zu beweisen, wer Recht hat – im wahrsten Sinne des Wortes mit einem Rechtsverfahren. Den Parteien war es in den zwei Jahren nicht gelungen, aus den unterschiedlichen Sichtweisen herauszukommen und diese gegenseitig gelten zu lassen.

Im Rahmen der von mir geleiteten Moderation gelang es in fünf jeweils halbtägigen Meetings, die Beziehungsebene zu befrieden, das Sachproblem durch die Aufteilung des Geldes zu lösen und die Spielregeln für die zukünftige Zusammenarbeit festzulegen.

Als die Parteien die unterschiedlichen Sichtweisen gegenseitig gelten lassen konnten, kam die Verhandlung endlich voran. Der eigentliche Knackpunkt und weshalb eine Partei die Sicht vertreten hatte, dass das ganze Geld ihr gehöre, war der Umstand, dass der Leiter dieser Partei seinen Leuten erzählt hatte, dass er ihnen alles Geld nach Hause bringen würde. Er stand also unter Druck, dieses Versprechen einzulösen. Das Interesse der Gesichtswahrung gegenüber seinen Leuten brachte er allerdings nicht in die Verhandlung ein, weil er befürchtete, sein Gesicht durch das gemachte Versprechen dann auch noch in dieser Verhandlungsrunde zu verlieren. Er hatte also die ganze Zeit eine Hidden Agenda, die in der Verhandlung unsichtbar wirksam war.

Das Interesse der Gesichtswahrung gegenüber seinen eigenen Leuten drückte während der Moderation dann doch etwas durch und wurde von einem anderen Verhandlungsführer – mit Hilfe einer Kreativitätsfrage – auch direkt angesprochen. Er brachte ins Spiel, es gehe darum, eine Lösung zu finden, die dem anderen Verhandlungsführer helfe, das Gesicht zu wahren. Im Rahmen eines Brainstormings einigten sich die drei Parteien darauf, den zur Diskussion stehenden Geldbetrag nicht aufzuteilen, sondern den gesamten Betrag in eine gemeinsame Aktivität fließen zu lassen. So konnte der Parteiführer seinen Leuten mitteilen, dass er kein Geld habe, die anderen aber auch nicht. Und dass es gelungen sei, eine viel bessere Lösung zu finden. Bemerkenswert an dieser kreativen Lösung war, dass sich der Konfliktpunkt, die Verteilung des Geldes, vollständig aufgelöst hatte. Es mussten keine Kriterien mehr beigezogen werden, mit denen eine faire Aufteilung unter den drei Parteien hätte geregelt werden können. Immer wieder kommt es vor, dass eine kreative Lösung den ursprünglichen Konfliktgegenstand völlig zum Verschwinden bringt. ◀

11.4 Wenn Gesichtsverlust droht

In Verhandlungen kann die Situation eintreten, dass wir als verhandelnde Partei einem Verhandlungsergebnis eigentlich zustimmen könnten, etwas in uns sich aber dagegen sträubt. Der Grund dafür ist nicht, dass die Verhandlungslösung inhaltlich noch nicht stimmig wäre – einen positiven Abgleich mit der BATNA haben wir bereits gemacht. Es ist vielmehr die Glaubwürdigkeit, die wir in dieser Situation mit einer Zustimmung bedroht sehen, weil wir bei einer Annahme der vorliegenden Verhandlungslösung unser Gesicht verlieren würden. Es ist also das Interesse im Spiel, das Gesicht mit der Annahme der Lösung wahren zu können.

Vielfach wird dieses Interesse nicht ausgesprochen, sondern wirkt als Hidden Agenda. Dies kann der Fall sein, wenn wir beispielsweise Außenstehenden angekündigt oder gar versprochen haben, ein bestimmtes Verhandlungsergebnis zu erreichen und wir dieses Versprechen nun doch nicht einlösen können. Umgekehrt kann es sein, dass das Gegenüber eine vordergründig passende Lösung verwirft und die Verhandlungssituation blockiert, weil die Akzeptanz der zur Diskussion stehenden Lösung einen Verlust des persönlichen Ansehens oder der Ehre zur Folge hätte. In beiden Fällen ist es der drohende Gesichtsverlust, der für das Verhalten der verhandelnden Parteien verantwortlich ist und eine Einigung erschwert. Wie kommt es dazu?

Verhandeln ist, wie wir verschiedentlich festgehalten haben, ein Beziehungsgeschehen und nur dann wirklich erfolgreich, wenn eine funktionierende Arbeitsbeziehung hergestellt werden kann. Es gilt somit alles zu vermeiden, was die

Beziehung gefährdet, respektive was beim Verhandlungspartner oder bei einem selbst negative Emotionen wie Ärger, Wut, Scham oder Unbehagen auslöst. Dazu gehört auch Gesichtsverlust, denn dieser ruft genau solche Emotionen hervor.

Personen nehmen eine Situation als Gesichtsverlust wahr, wenn sie ihr eigenes Verhalten nicht mehr mit ihren persönlichen oder sozialen Zielen in Einklang bringen können. In der Folge treten bei diesen Personen Gefühle von Scham oder Unbehagen auf, die sich in Wut und Ärger äußern oder auch in einem Rückzug vom Verhandlungstisch resultieren können.

Wenn wir die Verhaltensmuster kennen, die beim Gegenüber möglicherweise einen Gesichtsverlust hervorrufen, und das eigene Verhalten entsprechend bewusst steuern, können wir einen Gesichtsverlust vermeiden. Dies gelingt beispielsweise, indem wir uns beim Austausch unterschiedlicher Sichtweisen und Interessen in die Schuhe des Gegenübers hineinversetzen. Dabei können wir versuchen, zu antizipieren, welche Inhalte, aber vor allem auch, welche Werte beziehungsweise deren Nichtbeachtung beim Gegenüber zu Gesichtsverlust führen könnten. In einem solchen Fall sollten wir den Verhandlungsprozess in eine Richtung steuern, die diese Inhalte und Werte mitberücksichtigt.

Wichtig ist dabei, dass wir Empathie zeigen und dem Gegenüber mit Wertschätzung und auf Augenhöhe begegnen. Dies ist ein zentraler Beitrag zur Vermeidung solcher Situationen. Letztlich stärken wir damit das Vertrauen zu unserem Verhandlungspartner.

Wenn in einer Verhandlung schon früh eine Position vorgebracht und an dieser hartnäckig festgehalten wird, steht ebenfalls häufig ein Gesichtsverlust im Raum. Das kann sogar so weit gehen, dass eine Lösung, die besser ist als die vorgebrachte Position von der positionsvertretenden Partei nur abgelehnt wird, weil eine Zustimmung – und also das Abrücken von der ursprünglich vorgebrachten Position – einen Gesichtsverlust mit sich bringen würde. In einem solchen Fall empfiehlt es sich, das Interesse der Gesichtswahrung in die Lösung einzubeziehen. Gleichzeitig empfiehlt es sich, auch in der Kommunikation des Verhandlungsergebnisses gegenüber anderen Stakeholdern dem Interesse der Gesichtswahrung Rechnung zu tragen.

Dies unterstreicht auch die Wichtigkeit der Art und Weise, wie ein Verhandlungsergebnis kommuniziert wird. Insbesondere bei Verhandlungen, die von öffentlichem Interesse sind, wie beispielsweise GAV- oder Tarifverhandlungen, sollte in der Verhandlung das Thema der Kommunikation nach außen und innen gemeinsam geklärt und festgelegt werden. Falls dies nicht gemacht wird, laufen die Verhandlungsparteien Gefahr, durch eine nicht abgesprochene Kommunikation die andere Seite zu verärgern und die Verhandlung dadurch unnötig zu belasten.

▶ Vor einigen Jahren moderierte ich eine Tarifverhandlung in Deutschland, die auch in der Öffentlichkeit viel Aufmerksamkeit erfuhr. Im Verlauf der Verhandlungen, die sich über viele Wochen erstreckten, wurde ich von einer Radiostation angefragt, ob ich für ein Interview zur Verfügung stünde. Das war eine verlockende Anfrage, da ich dadurch für mich und meine Dienstleistungen gut hätte Werbung machen können.

Nun ist es aber so, dass es für mich als Moderator/Mediator/Verhandlungsführer das oberste Ziel ist, um die Verhandlung – zumindest soweit es von meiner Seite aus möglich ist – einen möglichst dichten Schutzmantel zu legen. Es geht mir darum, die Rahmenbedingungen so zu gestalten, dass möglichst wenige Störfaktoren auftreten.

Mit einem Interview für die Öffentlichkeit hätte die Gefahr bestanden, dass meine Aussagen gegebenenfalls in einen bestimmten Kontext gestellt und so für oder gegen eine der Verhandlungsparteien verwendet worden wären.

Aus diesem Grund sagte ich damals ab. ◀

11.5 Wenn Grundwerte kulturabhängig unterschiedlich ausgedrückt werden

Wenn wir im Verhandlungskontext von unterschiedlichen Kulturen sprechen, denken wir häufig an ethnische oder nationale Kulturen und an deren Unterschiede. Das Zürcher Verhandlungsmodell definiert den Begriff der Kultur hingegen weiter, und zwar so, dass er auch unterschiedliche Branchenkulturen, Berufskulturen, Familienkulturen, Firmenkulturen und Generationskulturen umfasst. Das Einbeziehen kulturspezifischer Besonderheiten und Konventionen stützt die eigene Integrität im Verhandlungsprozess. Deswegen sollten wir sie beim Verhandeln immer mitberücksichtigen.

Die dem Modell zugrunde liegenden Prinzipien und Mechanismen behalten mit Blick auf diesen erweiterten Kulturbegriff ihre Bedeutung und Geltung. Es kann aber sein, dass – abhängig von der Kultur – mit den Grundwerten unterschiedlich umgegangen wird. Der Grundwert **Wertschätzung** beispielsweise hat in den meisten Kulturen einen hohen Stellenwert, er kann aber, je nach Kultur, unterschiedlich ausgeprägt sein und unterschiedlich ausgedrückt werden. Unpünktliches Erscheinen wird beispielsweise in der einen Kultur als mangelnde Wertschätzung gedeutet und provoziert beim Gegenüber Verärgerung; in einer anderen Kultur hingegen stört sich niemand daran, da es sich um ein alltägliches Gebaren handelt, das mit fehlender Wertschätzung erst gar nicht in Verbindung gebracht wird.

▶ Vor vielen Jahren lebte ich mit der Familie für ein halbes Jahr in einem kleinen Bergdorf in Ecuador, wo wir als Volontäre arbeiteten und verschiedene Projekte betreuten. Um meine Spanischkenntnisse zu verbessern, machte ich mit dem Dorfschullehrer aus, dass er mir einmal pro Woche Spanischunterricht erteilt. Ich erinnere mich gut an die erste Stunde: Wir hatten uns für 17 Uhr vereinbart und pünktlich, wie ich das aus der Schweiz gewohnt war, fand ich mich kurz vor 17 Uhr vor dem Schulhaus ein.

Dort spielte eine kleine Gruppe von Kindern auf dem festgetretenen Naturboden und einige Hühner stolzierten auf der Suche nach etwas Essbarem vor mir auf und ab. So saß ich vor dem Schulhaus, schaute ins weite Tal hinunter und immer wieder, und mit der Zeit auch immer häufiger, auf meine Armbanduhr. Als ich die Kinder fragte, ob sie wüssten, wo der Lehrer sein könnte, meinten sie, dass er vermutlich in seinem Garten weiter unten im Tal sei.

So gegen sechs Uhr war ich dann innerlich schon etwas aufgebracht und empfand es als unanständig, dass er mich so lange warten ließ. Kurz nach sechs Uhr, es war schon ziemlich dunkel, kam er dann den steilen Pfad herauf, seinen Esel am Strick führend, und grüßte mich schon von weitem. Als er auf meiner Höhe war, meinte er, dass er sich noch kurz umziehen müsse und dann bereit sei.

Für die Spanischstunden hatte ich mit dem Lehrer abgesprochen, dass wir jeweils ein bestimmtes Thema besprechen würden. Und wie hätte es auch anders sein können: Das Thema dieser ersten Stunde widmeten wir dem Thema Pünktlichkeit. So lernte ich die «hora ecuadoriana» kennen – und mit der Zeit auch schätzen. ◀

Konflikte, die nicht zuletzt auch aufgrund unterschiedlicher kultureller Ausprägungen von Grundwerten im Verhandlungskontext auftauchen können, sind unter anderem:

- Umgang mit Pünktlichkeit
- Kleiderordnung (Dresscode)
- Anstandsregeln und Umgangsformen
- Hierarchieregeln
- Umgang mit vertraulichen Informationen
- Respekt gegenüber anderen Meinungen
- Einhalten bestimmter Sitzordnungen
- Umgang mit Transparenz/Offenlegung von Informationen

Ist der Umgang mit diesen Fragen nicht klar, sollten wir die entsprechenden Punkte ansprechen und ein gemeinsames Verständnis dafür entwickeln. Anders ausgedrückt, sollten wir die Themen im Sinne einer Metaverhandlung verhandeln.

Zudem dürfen wir nicht vergessen, dass man sich in anderen Kulturen ebenfalls damit beschäftigt, wie man bei uns verhandelt und welche Gepflogenheiten bei uns gelten. Dieses Wissen kann uns helfen, das Thema der unterschiedlichen Kulturen und Gebräuche einfacher anzusprechen. Grundsätzlich ist es meines Erachtens angezeigt, dass die Gäste versuchen, sich auf die jeweils andere Kultur einzulassen und sich entsprechend anzupassen.

Wenn Sie beispielsweise jemanden aus Asien bei sich zu Gast haben und diese Person Ihnen im Verlauf der Verhandlung, weil sie das in der Vorbereitung auf den Besuch bei Ihnen so gelesen oder gehört hatte, freundschaftlich auf die Schulter klopft, heißt das dann noch lange nicht, dass Sie das bei Ihrem nächsten Besuch in Asien genauso machen sollten.

Es hat sich gezeigt, dass das Zürcher Verhandlungsmodell als Modell zur Vorbereitung, Gestaltung und Nachbereitung einer Verhandlung in ganz unterschiedlichen Kulturen und interkulturell anwendbar ist. Es geht überall um Vertrauen, um Anerkennung, Würde und Integrität sowie um Sichtweisen, Interessen, Optionen und so weiter. Es kann allerdings sein, dass sich der Umgang mit einzelnen Elementen des Modells je nach Kultur unterschiedlich gestaltet. So kann es sein, dass wir, um Vertrauen aufzubauen, in einer bestimmten Kultur zuerst mehrere Stunden Tee trinken müssen, um im Anschluss über eine bestimmte Sache verhandeln zu können. Es geht aber auch hier, wie überall auf der Welt, um den Aufbau von Vertrauen und das Entgegenbringen von Wertschätzung, indem man in diesem Fall die Gastfreundschaft an- und sich Zeit für den Vertrauensaufbau nimmt.

11.6 Wenn man multilaterale Verhandlungen führt

Nehmen mehr als zwei Parteien an einer Verhandlung teil, gestaltet sich diese komplexer, denn es liegen mehr unterschiedliche Interessen und Zielvorstellungen vor, die in Einklang gebracht werden müssen. Angesichts der zusätzlichen Herausforderungen sollten die verhandelnden Parteien besprechen, wie sich der Ablauf der Verhandlung optimal organisieren und strukturieren lässt. Ist es angebracht, dass jemand aus den Reihen der Anwesenden die Verhandlung moderiert? Oder erscheint es sinnvoller, diese Rolle an eine externe Person auszulagern? Im Sinne einer Subverhandlung können diese Fragen als erster Verhandlungsgegenstand diskutiert und geklärt werden.

Auf diese Fragen gibt es meines Erachtens keine allgemein gültigen Antworten, da jede Situation eine ureigene Vorgeschichte, Ausgangslage und Beziehungsdynamik mit sich bringt. Auch hier gilt der Grundsatz, dass die Verhandlung zu den genannten Fragestellungen ergebnisoffen geführt werden sollte.

Wenn sich die Verhandelnden auf eine Moderation einigen, gilt es die folgenden Themen zu beachten:

- Die moderierende Person (egal, ob sie aus den eigenen Reihen kommt oder von extern beigezogen wird) muss von allen an der Verhandlung beteiligten Personen in der Moderationsrolle akzeptiert werden.
- Wenn die moderierende Person aus den eigenen Reihen kommt, muss geklärt werden, ob sie sich auch inhaltlich einbringen kann oder ausschließlich den Verhandlungsprozess moderiert. Falls sie sich auch inhaltlich einbringt, beispielsweise weil sie von ihrer Partei das Dossier am besten kennt, sollte sie während der Verhandlung jeweils darauf hinweisen, wann sie als Moderatorin oder Moderator spricht und wann aus der parteiischen Rolle.
- In der moderierenden Rolle wird der Verhandlungsprozess ebenfalls über die sieben Stufen des Modells geführt. Auch hier kann es helfen, das Modell oder zumindest die Ablaufschritte allen Beteiligten sichtbar zu machen und das Einverständnis dazu einzuholen.
- Es muss darauf geachtet werden, dass die moderierende Person nicht Partei für eine Seite ergreift und/oder sich auf eine Seite ziehen lässt. In einem solchen Fall sollte dies sofort angesprochen und nach einer Lösung gesucht werden, wie die Parteien damit umgehen wollen. Es könnte sogar sein, dass eine andere Person die Moderation übernehmen muss.
- Wenn sich die Parteien auf eine moderierte Verhandlung geeinigt haben, ist es sinnvoll, gemeinsam Spielregeln zu definieren, auf die man zurückgreifen kann und die bei Bedarf eingefordert werden können.

Sobald es dann um die Sachlösung geht, kann, wie in Abschnitt 10.1 beschrieben, wiederum mit dem Interessenraster gearbeitet werden, wobei dann einfach pro Partei eine Spalte eingefügt wird und die Kreativitätsfrage eine Klammer unter allen Spalten setzt.

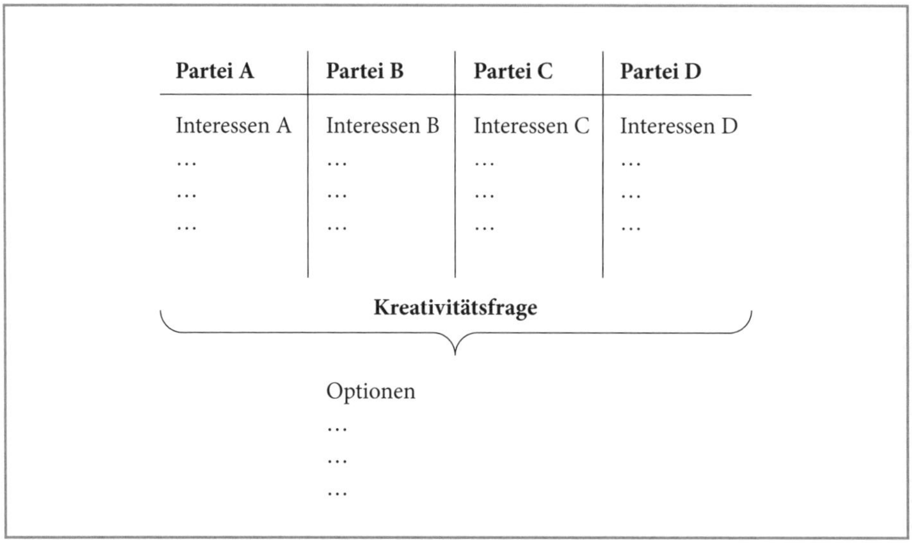

Abb. 16 Interessenraster bei Mehrparteienverhandlungen

Die Erfahrung zeigt, dass es in Mehrparteienverhandlungen von großer Bedeutung ist, wirklich alle Stakeholder respektive Anspruchsgruppen, die durch die Verhandlung beeinflusst werden, zu identifizieren und in die Verhandlung einzubeziehen.

Insbesondere bei der Erstellung des Interessenrasters sollte an alle gedacht werden, damit dieses vollständig aufgesetzt und bearbeitet werden kann.

In Verhandlungsberatungen fällt mir immer wieder auf, dass der Fokus vor allem auf der unmittelbar bevorstehenden und direkt sichtbaren Verhandlung liegt, beispielsweise auf der in Kürze stattfindenden Verhandlung mit einem Kunden. Bei der Analyse der Situation kommen dann vielfach weitere vom Verhandlungsergebnis betroffene Parteien zum Vorschein. Dies können politische Akteure oder andere interne Abteilungen wie die Produktion, Forschung und Entwicklung sein, etwa wenn es um mögliche Produktanpassungen geht. Oder die Geschäftsleitung, wenn in der Verhandlung möglicherweise auch strategisch relevante Themen auftauchen könnten. Auch eigene Lieferanten oder die Kunden des Kunden können durch das Verhandlungsergebnis betroffen sein und dürfen deshalb in der Gesamtbetrachtung nicht vergessen werden. Nicht selten bestand die Erkenntnis einer solchen von mir unterstützten Vorbereitung darin, dass zuerst die internen Hausaufgaben gemacht werden sollten, bevor man sich mit dem externen Verhandlungspartner an den Tisch setzt.

Wie folgendes Beispiel zeigt, kann es sich – insbesondere, wenn von den Verhandlungslösungen Dritte betroffen sind – lohnen, diese Drittparteien von Anfang an in die Verhandlung einzubeziehen:

▶ Im Rahmen einer Haushaltssanierung mussten in verschiedenen Bereichen Einsparungen in Millionenhöhe vorgenommen werden. Dabei hatten die angestrebten Einsparungen negative Auswirkungen auf eine Gruppe von Dienstleistungserbringern, indem Leistungen gestrichen werden sollten. Die für die Realisierung dieser Einsparungen verantwortlichen Führungskräfte erarbeiteten über einige Monate hinweg aus ihrer Sicht geeignete Maßnahmen, die sie ihren Auftraggeberinnen und Auftraggebern in Form eines Sparplans vorlegten. In diesem waren Einsparungen an Stellen vorgesehen, die für die Auftraggeberseite aus politischer Sicht als nicht gangbar galten, worauf der gesamte Sparplan abgelehnt und personelle Wechsel vollzogen wurden.

Der neuen «Crew» stellte sich die Frage, wie sie das Problem erfolgsversprechender anpacken könnte, und sie suchte sich nun externe Unterstützung. So kam ich ins Spiel und ließ mir die Situation in einer ersten Sitzung schildern. Ich nahm das Mandat an unter der Bedingung, dass die Dienstleistungserbringer, auf deren Schultern die Einsparungen gestemmt werden sollten, mit an den Verhandlungstisch geholt würden.

Diesem Vorgehen wurde zugestimmt und auch die Dienstleistungserbringer schätzten es, dass sie nun (endlich) in dieser Sache mitsprechen konnten.

In nur wenigen Sitzungen konnte ein Maßnahmenplan erarbeitet und verabschiedet werden, der von allen Seiten akzeptiert wurde. Einerseits konnte der Bereich den Dienstleistungserbringern helfen, die in der notwendigen Höhe verlangten Einsparungen zu realisieren (beispielsweise durch Anpassungen bei den eigentlichen Dienstleistungen, damit diese günstiger erbracht werden konnten). Andererseits konnte nun auch die für die Auftraggeberin wichtige politische Dimension bei der Lösungssuche berücksichtigt werden. ◀

11.7 Wenn die entscheidungsbefugte Person nicht am Tisch sitzt

Vielleicht kennen Sie die Situation, dass Sie losgeschickt werden, um eine Verhandlung zu führen. Nachdem die Verhandlung zu einem in Ihren Augen sinnvollen Ergebnis gekommen war, wird dieses Resultat von Ihrer Auftraggeberin dann nicht akzeptiert. Wenn Sie dann nachfragen, weshalb nicht, wird Ihnen die Auftraggeberin die Gründe erklären und mit diesen Gründen werden die Interessen der Auftraggeberin deutlich. Diese Interessen hätten Sie aber besser schon vor der Verhandlung gekannt – dann hätten Sie sie gleich in die Verhandlung einfließen lassen können. Nun können Sie praktisch von vorn beginnen.

Um herauszufinden, ob die Gegenseite entscheidungsbefugt ist, hat sich die Frage bewährt: «**Wie läuft auf Ihrer Seite der Entscheidungsprozess?**» Mit dieser nicht auf die Person, sondern den Prozess ausgerichteten Frage stellen Sie nicht die Kompetenz des Gegenübers in Frage, sondern Sie wollen gleich von Anfang an einen zielführenden Prozess sicherstellen.

Bei einer Konstellation, bei der die Entscheiderin nicht direkt an der Verhandlung teilnimmt, handelt es sich im Grunde genommen ebenfalls um eine Mehrparteienverhandlung, die wir folglich auch als solche handhaben sollten. Die dritte Partei ist in diesem Fall die entscheidungsbefugte Person oder das entsprechende Gremium, das wir fiktiv an den Verhandlungstisch bringen sollten.

Wichtig für das Vorgehen und den Verhandlungsverlauf bei einer solchen Situation ist die Frage, mit welchem Mandat jemand in eine Verhandlung geschickt wird:

1. Die Entscheidungsinstanz lässt dem Verhandelnden freie Hand und formuliert keine Vorgaben oder Interessen. Hier empfiehlt es sich, die Interessen der Entscheidungsinstanz **bereits vor der Verhandlung** abzufragen. Beispielsweise mit der Frage: «Was muss erfüllt sein, damit Sie der Lösung zustimmen werden?» Tun wir dies nicht, laufen wir Gefahr, dass die Verhandlungslösung nicht genehmigt wird, weil gewisse Interessen – die wir gar nicht kennen konnten – noch nicht befriedigt sind.

2. Die nicht anwesende entscheidungsbefugte Person formuliert das Verhandlungsmandat in Form einer Position. Bei einem Mandat, das als Position formuliert wurde, empfehle ich, dass wir als Verhandlerinnen und Verhandler – im Rahmen einer internen Vor- oder Subverhandlung – den Aufraggeber oder die Auftraggeberin nach den hinter der eingenommenen Position liegenden Interessen befragen und die Erlaubnis einholen, das Verhandlungsmandat auf die Befriedigung dieser Interessen umzuformulieren. Dies vergrößert unseren Spielraum maßgeblich, am Erarbeiten kreativer Mehrwertlösungen mitzuwirken. Wenn das Gegenüber die Interessen seiner Auftraggeberin so in Erfahrung bringen kann, holen wir die Auftraggeberin fiktiv mit an den Verhandlungstisch. Falls das Gegenüber die Interessen der Auftraggeberin jedoch nicht in Erfahrung bringen kann, funktioniert häufig ein kleiner Kunstgriff: Die Position des Gegenübers wird in ein Interesse umformuliert: Das Interesse, die Vorgabe (Position) zu erfüllen. Auf dieser Basis kann nun eine Kreativitätsfrage formuliert werden: Was können wir tun, damit Sie Ihre Vorgabe erfüllen und wir trotzdem gemeinsam noch etwas an

diesem Geschäft verdienen können? Dies entspricht zwar nicht dem idealen Vorgehen, das auch die tatsächlichen Interessen der Entscheiderin einbeziehen und den Verhandelnden ermöglichen würde, den vollen Lösungsspielraum auszuschöpfen, erlaubt aber immerhin, weg von der Feilschkurve und wieder in einen Mehrwertbereich zu gelangen, der den Interessen der am Verhandlungstisch sitzenden Personen Rechnung trägt.

3. Wenn das Mandat in Form von Interessen formuliert wurde, kann die verhandelnde Person auf der Basis dieser Interessen mit dem Gegenüber eigenständig und abschließend nach kreativen Lösungen suchen.

In allen drei Fällen ist es das Ziel, ein Feilschen um Positionen zu verhindern, indem man die Entscheiderin über ihre Interessen fiktiv mit an den Verhandlungstisch holt und ihre Interessen in den Lösungsfindungsprozess einfließen lässt.

▶ Sie erinnern sich an die in Abschnitt 8.1 geschilderte Verhandlung mit dem niederländischen Einkaufsleiter?

In dem Telefonat hatte ich ihm die Frage nach dem Entscheidungsprozess ja auch gestellt und so erfahren, dass nicht er alleine, sondern die Geschäftsleitung als Ganzes entscheiden würde. Das bedeutete, dass nicht alle Entscheiderinnen und Entscheider an der Verhandlung mit mir teilnahmen.

Nachdem ich dies erfahren hatte, kam von mir die Folgefrage: «Nach welchen Kriterien entscheidet denn die Geschäftsleitung, ob sie mit uns zusammenarbeiten wird, oder nicht?» Hier verwendete ich nun das Wort «Kriterien», fragte aber nicht nach den Kriterien im Sinne des Verhandlungsmodells, sondern nach den Interessen des Entscheidungsgremiums.

So erfuhr ich, dass es für die Gesamtgeschäftsleitung von großer Bedeutung war, dass der einmal festgelegte Termin für das Training dann auch wirklich an diesem Datum durchgeführt werden kann und nicht von unserer Seite, beispielsweise wegen Krankheit, verschoben werden müsste. Dies, weil die Teilnehmenden aus unterschiedlichen Regionen für das Training anreisen mussten und der damit verbundene organisatorische und finanzielle Aufwand nicht vergeblich wäre.

Diesem Interesse kam ich bei der Lösungssuche entgegen, indem ich fortan, im Sinne einer Fallback-Lösung, einen weiteren Trainer mit ins Boot nahm und in die weiteren Gespräche einbezog. ◀

Wenn wir selber in der Rolle der Auftraggeberin oder des Auftraggebers sind, sollten wir unsere Mandate in Form von Interessen formulieren, damit unsere Verhandlungsführerinnen und Verhandlungsführer die ideale Voraussetzung erhalten, eine Mehrwertlösung zu verhandeln.

11.8 Wenn man als Team verhandelt

Achten Sie nicht nur auf Kompetenzen. Auch Fähigkeiten können nützlich sein.

Teamverhandlungen sind herausfordernd, weil sie ein besonderes Maß an Koordination und Absprachen innerhalb des Teams erfordern. Wenn es jedoch gelingt, die unterschiedlichen Fachkompetenzen der Teammitglieder in einer Verhandlung synergetisch zu verbinden, dann können Teamverhandlungen trotz Mehraufwand ein besseres Ergebnis erzielen. Denn die einzelnen Mitglieder eines Teams können Interessen und Kenntnisse aus verschiedenen Fachbereichen und unterschiedliche Vorstellungen zum Verhandlungsgegenstand mit einbringen, was sich oft stimulierend auf die Klärung der eigenen Sichtweisen, Interessen, Optionen und Kriterien auswirkt.

Damit der Verhandlungsprozess auch bei Teamverhandlungen zielgerichtet erfolgt, sollte die Verhandlung mit einer vorgelagerten, teaminternen Vorbereitung beginnen. Diese Vorbereitung im Team ist vielfach bereits eine interne Verhandlung zur Frage, wie man als Team in der Verhandlung auftreten möchte. Für den Verhandlungserfolg entscheidend ist dabei die sorgfältige Zusammensetzung des Teams. Häufig wird bei dessen Zusammenstellung zu einseitig auf Fach- und Entscheidungskompetenzen geachtet und zu wenig auf Metakompetenzen wie beispielsweise soziale oder kommunikative Fähigkeiten. Ebenfalls berücksichtig – und im Idealfall mit der Gegenseite schon im Vorfeld abgesprochen – ist die Frage, wie groß das Team sein sollte. Kommt von der Gegenseite nur eine kleine Delegation und wir haben vorgesehen, ein größeres Team zusammenzustellen, oder umgekehrt? Eine ausgeglichene Delegationsgröße auf beiden Seiten kann die Verhandlungsdynamik positiv unterstützen.

Ist die personelle Zusammensetzung des Verhandlungsteams bestimmt, sollten folgende Themen gemeinsam vorbereitet und geklärt werden:

- Sind alle Teammitglieder mit der Win-Win-Strategie vertraut und gewillt, auf eine Mehrwertlösung hinzuwirken?
- Gibt es innerhalb des Teams unterschiedliche Sichtweisen auf die Verhandlungsgegenstände?
- Verfolgen einzelne Teammitglieder unterschiedliche Interessen? Falls ja: In welcher Reihenfolge werden diese innerhalb des Teams priorisiert?
- Wie schätzen die Teammitglieder und das Team als Ganzes die Qualität der eigenen BATNA ein?

- Klärung der Rollen: Welches Teammitglied bringt sich in die Verhandlung wann, wie und zu welchem Thema ein?
- Wie geht das Team mit einem Time-out um? Wie und wer leitet es ein? Dabei empfiehlt es sich, dem Wunsch eines Teammitglieds nach einem Time-out jederzeit und unverzüglich nachzukommen, damit man nicht Gefahr läuft, sich in etwas zu verrennen, das man selber (noch) nicht realisiert hat. Ausführlicher wird das Thema in Abschnitt 11.1 behandelt.
- Werden für den Fall von Time-outs weitere Räume benötigt?
- Ist die geeignete Infrastruktur, wie Flipcharts, White Boards, Beamer etc. vorhanden?

Wenn Sie als Team verhandeln, empfiehlt es sich, die eine Hälfte der Vorbereitungszeit in die inhaltlichen, fachlichen Themen zu investieren und die andere Hälfte der Zeit in die Frage, wie Sie sich als Team organisieren wollen. Wenn es in einer Verhandlung als Team schwierig wird, ist dies mehrheitlich deshalb der Fall, weil man sich während der Verhandlung als Team auseinanderdividiert.

Zu jeder Verhandlung, die wir als Team geführt haben, gehört im Nachgang ein strukturiertes Debriefing. Im Minimum sollten die folgenden drei Fragen gemeinsam besprochen und beantwortet werden:

- Was ist uns gut gelungen?
- Was ist uns weniger gut gelungen?
- Was werden wir das nächste Mal anders machen?

11.9 Wirkungsvolle Kommunikation

▶ Unsere Familie sitzt beim Abendessen, als meine Tochter (damals elf Jahre alt) und mein Sohn (sechs Jahre) sich heftig zu streiten beginnen.

Es geht darum, dass meine Tochter ihrem Bruder erklärt, dass sie ihn über eine bestimmte Sache informiert habe, was er wiederum heftig verneint. Die Stimmen werden lauter und da meine Tochter, fast sechs Jahre älter als ihr kleiner Bruder, ihm rhetorisch überlegen ist, bewegt sich der Streit in eine Richtung, in der mein Sohn kaum mehr zu Wort kommt.

Da holt er – mit Tränen in den Augen – zu seinem Befreiungsschlag aus und ruft verzweifelt: «Und überhaupt ist es gar nicht wichtig, was du gesagt hast, es ist nur wichtig, was ich gehört habe!» Mit diesem einen Satz war die Diskussion beendet und es kehrte Ruhe am Tisch ein – und mir blieb der Bissen im Hals stecken … ◀

Verhandeln ist ein kommunikativer Prozess. Weil der Verhandlungsprozess verbal über das gesprochene Wort sowie nonverbal, also über Gestik, Mimik, Blickkontakt etc., seinen Ausdruck findet, kommt der Kommunikation eine vorrangige Bedeutung zu. Bei einer Verhandlung ist es wichtig, dass die verhandelnden Parteien, wenn nötig, auch unangenehme Themen ansprechen oder Dinge einfordern, die als Störungen im Raum stehen. Nur wenn sich alle Beteiligten gesehen und gehört fühlen, können sie gemeinsam das in einer bestimmten Situation steckende Potenzial optimal ausschöpfen.

In der Kommunikation verfolgt das Zürcher Verhandlungsmodell den Ansatz, eine wertschätzende Beziehung zu entwickeln, die im Verhandlungsprozess maximale Kooperation und Kreativität zulässt und das Zustandekommen einer nachhaltigen Mehrwertlösung ermöglicht. Im Vordergrund steht nicht der Wunsch, das Gegenüber zu einem bestimmten Handeln zu bewegen, sondern das Bemühen, eine wertschätzende Beziehung zu entwickeln, die im Verhandlungsprozess maximale Kooperation und Kreativität zulässt und das Zustandekommen einer nachhaltigen Mehrwertlösung ermöglicht.

Ein wirkungsvolles, aber auch anspruchsvolles Werkzeug für eine effektive Kommunikation in Verhandlungen ist das **aktive Zuhören.** Im Unterschied zum passiven Zuhören, bei dem der Empfänger auf Rückmeldungen verzichtet, teilen wir beim aktiven Zuhören dem Sender oder der Senderin unser authentisches Interesse am Gesagten mit, indem wir verbale und nonverbale Aufmerksamkeits- und Ermutigungssignale senden. Erst wenn wir bereit sind, unserem Gegenüber aufmerksam zuzuhören und ein wirkliches Interesse am Gesagten zu entwickeln, können wir die Aussagen unseres Gegenübers besser einordnen und verstehen.

Neben den verbalen und nonverbalen Aufmerksamkeits- und Ermutigungssignalen umfasst das auf den amerikanischen Psychologen Carl Rogers zurückgehende aktive Zuhören Techniken des **Paraphrasierens** und des **Verbalisierens.**[63] Beim Paraphrasieren wiederholen wir das Gesagte in unseren eigenen Worten oder geben es zusammenfassend wieder. Damit können wir einerseits sicherstellen, dass wir unser Gegenüber inhaltlich richtig verstanden haben, und somit Missverständnissen vorbeugen; andererseits können wir die Verhandlungspartnerin oder den -partner aber auch im Reflexionsprozess begleiten und auf diese Weise signalisieren, dass die mit der Aussage verknüpfte Botschaft bei uns angekommen ist. Mittels gezielter Rückfragen können wir zudem beim Gegenüber einen Anreiz setzen, seine Aussagen zu reflektieren. Die Technik des Verbalisierens geht noch einen Schritt weiter, indem wir auch nicht Ausgesprochenes in Worte fassen und den emotionalen Gehalt einer Äußerung miteinbeziehen. Dabei geht es um das Benennen der Gefühle und Bedürfnisse, die wir dem Gehörten entnehmen.

Eine Paraphrasierung könnte beispielsweise lauten: «Habe ich es richtig verstanden, dass meine verzögerte Rückmeldung bei Ihnen Umstände ausgelöst hat?»

Eine Verbalisierung im gleichen Kontext könnte lauten: «Und habe ich es richtig herausgehört, dass Sie sich wegen meiner verzögerten Rückmeldung über mich geärgert haben?»

Aktives Zuhören und Verbalisieren schafft ein tieferes Verständnis zwischen den Gesprächspartnern und stärkt die Beziehungsebene. Ziel ist die Verhinderung von Missverständnissen, die Beschleunigung und Optimierung von Konfliktlösungen und die Steigerung der Verhandlungskompetenz durch Feedback- und Reflexionsschleifen. Dabei empfehlen wir, Feedbacks nicht erst nachträglich, sondern bereits während der Verhandlung einzuholen. So können wir sicherstellen, dass die anerkennende und wertschätzende Grundhaltung im Verhandlungsprozess tatsächlich gelebt wird.

▶ Ein für die Entwicklung eines neuen Produktes verantwortliches, internationales Kernteam hatte sich heftig zerstritten. Dadurch litt die konstruktive Zusammenarbeit, was den Projektabschluss und den absehbaren Markteintritt des Produkts gefährdete.

Die projektverantwortliche Teamleiterin bat mich, sie und ihr Team als Vermittler bei der Lösung dieses Konflikts zu unterstützen. Es waren ein gutes Dutzend Personen involviert und wir trafen uns für einen Tag auf dem Gelände des Unternehmens.

Schon bald zeigte sich, dass es auf der Beziehungsebene Probleme zwischen einzelnen Personen sowie zwischen zwei Gruppierungen innerhalb des Teams gab. Als ich diesem Thema Raum gab, erklärte eine direkt in den Konflikt involvierte Person, weshalb sie sich so und so verhalten habe, und sprach in ihrem Redeschwall auch eine Entschuldigung gegenüber einem der Kollegen aus. Da der angesprochene Kollege für mich auch nonverbal keine Reaktion darauf zeigte, unterbrach ich den Sprecher und fragte den angesprochenen Kollegen, wie das für ihn sei, wenn sein Kollege ihm gegenüber eine Entschuldigung ausspreche.

Erst jetzt schien dieser überhaupt wahrzunehmen, dass der andere ihn um Entschuldigung gebeten hatte – mit einem großen Lächeln und sichtlicher Erleichterung nahm er diese dann auch an. Bemerkenswert für mich war, dass sich dieses zwischenmenschliche Problem sofort auflöste. Der Erfolgsfaktor aus meiner Sicht war, dass der Entschuldigung genügend Raum gegeben wurde, damit der Empfänger diese überhaupt hörte und auf sich wirken lassen konnte. Redepausen können ein wirksames Mittel sein, um die Kommunikation effektiver zu gestalten.

Im Verlauf des Tages kam es dann nochmals zu einer Entschuldigung und am Abend äußerten sich alle Teilnehmenden sehr zufrieden, da das Team wieder zusammengefunden hatte. Das Produkt wurde in den folgenden Monaten dann auch erfolgreich zu Ende entwickelt und findet sich nun schon seit geraumer Zeit auf dem Markt. ◀

11.10 Umgang mit Offenheit

Wie wir gesehen haben, kann eine Mehrwertlösung nur erreicht werden, wenn größtmögliche Transparenz bezüglich der Interessen vorliegt. In diesem Zusammenhang bekomme ich immer wieder die Frage gestellt, ob Offenheit nicht gefährlich sei.

Die klare Antwort lautet: «Ja und nein». Es ist riskant, von vornherein sämtliche Informationen preiszugeben, da unser Gegenüber, das uns seine Glaubwürdigkeit noch nicht unter Beweis gestellt hat, das ausnutzen könnte. Ein solches Verhalten wäre naiv, und Naivität und Offenheit sind nicht dasselbe. Es empfiehlt sich, die Informationen «Zug um Zug» offenzulegen. Soll heißen: Wir beginnen mit einer Information und geben dadurch unserem Gegenüber einen Vertrauensvorschuss, warten aber gleichzeitig darauf, ebenfalls eine Information zu erhalten. Verweigert unser Gegenüber die Offenlegung, sind wir logischerweise fortan vorsichtiger mit der Herausgabe weiterer Informationen und versuchen herauszufinden, weshalb die Gegenseite keine Informationen preisgeben will. Vielleicht liegt ein Beziehungs-, ein Werte- oder ein Problem auf der Persönlichkeitsebene vor. Erklärt sich unser Gegenüber hingegen ebenfalls bereit, fahren wir mit der gegenseitigen Offenlegung der Interessen fort – das Vertrauen steigt, während die Gefahr einer Ausnutzung abnimmt.

11.11 Wenn Sie nicht mehr weiterwissen

In Verhandlungen kann es immer wieder zu Situationen kommen, in denen man nicht mehr weiter weiss und eine Auszeit braucht, um sich neu zu sortieren. In einem solchen Fall kann ein Time-out ein nützlicher Unterbruch der Verhandlung sein. Auch wenn es darum gehen sollte, dass sich die Gemüter etwas abkühlen, kann eine Pause weiterhelfen. Und insbesondere, wenn man als Team verhandelt, kann ein Time-out Sinn machen – beispielsweise, wenn neue Informationen auftauchen, jemand aus dem Team dabei ist, sich in eine bestimmte, nicht gewollte Richtung zu «verrennen», oder wenn es um die Bewertung von Optionen geht, die mit den Interessen des eigenen Teams abgeglichen werden müssen.

Die Länge des Time-outs hängt von der Situation ab und kann von wenigen Minuten bis zu mehreren Stunden dauern. Besonders bei Tarifverhandlungen sind Time-outs an der Tagesordnung. Da geht dann auch einfach eine Hand hoch, verbunden mit dem Ausruf «Time-out». In einem solchen Moment gilt es dann zu klären, wie lange der Unterbruch in etwa dauern und wo die Teamabstimmung stattfinden soll. Manchmal genügt es, wenn sich eine Partei im gemeinsamen Verhandlungsraum kurz zusammenstellt und sich für die andere Partei unhörbar zu einem bestimmten Thema abstimmt. Vielfach wird die Besprechung dann aber in einem separaten Raum durchgeführt.

Wichtig ist, dass man bereits in der Vorbereitung zu einer Verhandlung bespricht, wie ein Time-out eingefordert wird. Meines Erachtens sollte jede an der Verhandlung teilnehmende Person, unabhängig von Alter, beruflicher Stellung und Rolle in der Verhandlung, dazu berechtigt sein, eine solche Auszeit zu verlangen. Manchmal können gerade Personen, die sich selber gar nicht so stark in eine Verhandlung einbringen, den Verhandlungsverlauf gut beobachten und darauf aufmerksam machen, wenn es in eine falsche Richtung zu laufen droht.

Zur Beantwortung der Frage, ob ein Time-out in einer bestimmten Situation und zu einem bestimmten Zeitpunkt in Betracht gezogen werden sollte, können folgende Fragen dienen:

- Verspüre ich ein persönliches Unwohlsein, das mich bereits jetzt beeinträchtigt oder mich im weiteren Verlauf der Verhandlung behindern könnte?
- Verspüre ich Müdigkeit oder einen Konzentrationsnachlass?
- Bin ich persönlich aus dem Gleichgewicht und benötige einen Unterbruch, um mich wieder zentrieren zu können?
- Benötige ich Zeit, um mir eine bestimmte Sache überlegen zu können?
- Möchte ich mich im Team abstimmen, beispielsweise zu Lösungsvorschlägen, die in der Verhandlung neu entstanden sind.
- Verspüre ich eine angespannte Atmosphäre im Raum oder sind die Gemüter gar aufgeheizt, sodass eine Pause allen gut tun würde?

Als wertvolles Instrument zur Beurteilung, ob eine Time-out gerade angebracht wäre, dient uns unser «Bauch» – erfolgreiche Verhandlerinnen und Verhandlerinnen und Verhandler nehmen ihre Gefühle ernst.

Auch wenn ich eine Verhandlung alleine führe, kann ich einen Unterbruch respektive eine Pause vorschlagen oder bei Bedarf ein Time-out einfordern. So geschehen, als ich mich in einer Verhandlung befand und mein Gegenüber mich mit einer so unverschämten Forderung regelrecht physiologisch lähmte, dass ich, nachdem ich mich wieder etwas davon erholt hatte, ein Time-out verlangte.

Das Gegenüber war darüber sehr erstaunt und wollte mir dieses nicht zugestehen. Ich bestand aber auf einem halbstündigen Unterbruch, ging dreimal um den Block und telefonierte mit einer mir vertrauten Person. So konnte ich mich wieder zentrieren und die Verhandlung im Anschluss fortsetzen.

▶ Wir saßen zu dritt beim CEO eines Kunden mit dem Ziel, umfangreiche Trainingsmaßnahmen für seine Key-Verhandlerinnen und -Verhandler auszuloten und in ein Trainingsprogramm überzuführen. Der CEO war ein vielbeschäftigter Mann und musste während des Meetings sehr oft den Raum verlassen, weil er Telefonate zu führen hatte.

Zunächst kam mir das sehr unhöflich vor, wobei ich rasch bemerkte, dass sich seine wiederholte temporäre Abwesenheit sehr positiv auf den Verhandlungsablauf auswirkte. Jedes Mal, wenn er den Raum verlassen hatte, konnten wir drei übrigen uns absprechen, das bisher Vorgebrachte reflektieren und uns weitere Ideen überlegen.

Die Verhandlung dauerte so zwar insgesamt etwas länger, gewann aber durch diese «ungewollten Time-outs» an Qualität. ◀

Schlussbemerkungen

Integrität ist nicht verhandelbar. Alles andere dagegen schon. Denn die Sache ist nie ein Hindernis.

Hinter dieser Aussage steht meine persönliche Überzeugung, dass es immer eine Lösung gibt, wenn beide wollen. Die Sachlösung ist nie das Problem. Wenn hingegen eine oder beide Seiten einer Lösung nicht zustimmen, ist der Frage «Warum nicht?» nachzugehen. Die Menschen haben nämlich gute Gründe, sich so zu verhalten, wie sie sich eben verhalten. Es gilt also, den Ursprung des Einwandes herauszufinden, um dort gezielt ansetzen zu können.

Mit dem Zürcher Verhandlungsmodell erhalten wir eine ganzheitliche Orientierung und Hilfe, wie wir den Verhandlungsprozess über die vier Ebenen steuern können. Dabei bewegen wir uns permanent zwischen Emotionalität und Rationalität, zwischen persönlichen und sachlichen Faktoren, und wir dürfen uns nie nur auf eine der Ebenen fokussieren – sei es aus Vorsatz, Unwissenheit oder Bequemlichkeit. Alle vier Ebenen müssen in einem perfekten Zusammenspiel stehen, damit ein nachhaltiger Erfolg möglich wird. Wie im Cockpit die verschiedenen Instrumente voneinander abhängen und ihr Zusammenspiel ständig überwacht werden muss, sollten auch während einer Verhandlung diese vier Ebenen permanent «gescannt» und miteinander in Abgleich gebracht werden. Dies bedarf regelmäßiger Übung und eines bewussten Umgangs mit den verhandlungsrelevanten Prinzipien und Mechanismen.

Aus eigener Erfahrung kann ich Ihnen versichern, dass es auch sehr viel Freude bringen kann, sich darauf einzulassen, die «Geheimnisse» von Verhandlungen immer mehr zu entschlüsseln und sich dabei auch selbst, als Mensch, besser kennenzulernen und weiterzuentwickeln. Vielleicht fragen Sie sich selbst oder auch Menschen in Ihrem Umfeld hin und wieder – so wie mich das Prof. Roger Fisher vor vielen Jahren auch gefragt hat – «Hey, what did you learn today?».

Epilog

Um die Kabinenbesatzung während des Flugs nicht zu belasten, entscheiden sich die Piloten, erst nach der Landung in Bangkok über die Vorkommnisse zu informieren. Die Bestürzung ist groß und wird nach der Landung in Zürich noch größer. Noch nie standen so viele Flugzeuge mit dem Schweizerkreuz auf der Heckflosse gleichzeitig auf dem Heimatflughafen. Einige Passagiere sind in Tränen aufgelöst, als sie das Flugzeug verlassen.

Für die beiden Piloten veränderte sich das Leben von einem Moment auf den anderen: Mein Kollege wurde in den Vorruhestand versetzt und ich habe mich entschieden, zunächst temporär und nach drei Jahren vollständig, mich von der Fliegerei zu verabschieden und mich voll und ganz dem Thema Verhandeln zu widmen.

Viele Jahre danach führte ich mit einem Kollegen ein Gespräch über das Thema Win-Win und Win-Lose. Dabei erzählte ich ihm von der scherzhaft gemeinten 3-S-Regel, die ich früher schon mal von einem anderen Verhandlungsexperten gehört hatte und von der er meinte, dass man sie als Win-Lose-Verhandlerin oder -Verhandler beachten müsste:

1. Man muss **s**chneller sein als der andere; schnell genügt nicht, da der andere auch schnell ist.
2. Man muss **s**chlauer sein als der andere; schlau allein genügt nicht, da der andere auch schlau ist.
3. Man muss **s**krupelloser sein als der andere.

Als er das hörte, schmunzelte mein Kollege und meinte darauf, dass ihn das an eine eigene Situation erinnere: Er sei schneller und schlauer gewesen, der andere aber skrupelloser …

Nicht jede Verhandlung führt zum Erfolg, nicht jeder Konflikt kann gelöst, nicht alle Kriege können verhindert werden. Die Chancen steigen jedoch, wenn Probleme früh genug erkannt und mit einer auf Nachhaltigkeit ausgerichteten Haltung und Methode angegangen werden. Ein wertschätzendes und konstruktives Miteinander führt zu menschenfreundlichen und produktiven Gesellschaften. Diese lassen sich nicht auf Win-Lose aufbauen. Menschen sind keine Einzelkämpfer, sie sind auf sozialen Austausch und gemeinsame Strategien angewiesen. Nicht zuletzt ist es die Integrität, die uns Menschen als zentrale Ressource dafür zur Verfügung steht – als redliches Mittel für das komplexe und herausfordernde Projekt Menschsein in Gemeinschaften, als Voraussetzung für eine gelingende Lebensgestaltung.

Dank

Verhandeln ist ein Dialog. Auch dieses Buch ist das Ergebnis unzähliger Dialoge und es zu schreiben war mir nur möglich mit der Unterstützung der beiden folgenden Personen:

Dr. Marc Bundi
Meinem langjährigen Wegbegleiter beim Schreiben dieses Buches danke ich an dieser Stelle ganz herzlich für seine fundierte Unterstützung bei der Recherche von Quellen und für seine Genauigkeit, mit der er mir half, meine Gedanken zu schärfen und klar zu formulieren. Es war mir immer eine Freude, mit ihm zusammenzuarbeiten und ich freue mich über die Freundschaft, die während dieser Zeit entstanden ist. Danke, Marc.

Christine Bullinger
Meine Frau begleitet mich seit der Entwicklung des Zürcher Verhandlungsmodells und trug bei der Überarbeitung dieses Buches wesentlich zu Inhalt und Konzept bei. Regelmäßig tauschen wir uns zum Thema Verhandeln und zu den Prinzipien des Zürcher Verhandlungsmodells aus – ganz nach Heinrich von Kleist: «Über das allmähliche Verfertigen der Gedanken beim Reden.» Danke, Christine.

Checklisten

Vorbereitung der Verhandlung

Datum / Ort / Zeit der Verhandlung

Kommunikationskanal (E-Mail, Telefon, Video, Meeting)

Agenda (mit Verhandlungspartner abgestimmt?)

ICH / WIR	VERHANDLUNGSPARTNER
Verhandelnde auf der eigenen Seite	Verhandelnde auf der anderen Seite
Weitere von der Verhandlung Betroffene auf der eigenen Seite	Weitere von der Verhandlung Betroffene auf der anderen Seite
Entscheidungsträger	Entscheidungsträger

Sichtweisen

Eigene Sichtweise	Mögliche Sichtweise des Verhandlungspartners

Beziehungsebene

Wie fühlen Sie sich vom Verhandlungspartner behandelt? 1 – 2 – 3 – 4 – 5 – 6 – 7 – 8 – 9 – 10 Ursachen	Wie fühlt sich der Verhandlungspartner möglicherweise behandelt? 1 – 2 – 3 – 4 – 5 – 6 – 7 – 8 – 9 – 10 Mögliche Ursachen

Vorgehen auf der Beziehungsebene

Werteebene

Begegnen wir uns auf Augenhöhe? ◯ Ja ◯ Nein Falls nicht, warum nicht? (Werte mit Konfliktpotential)

Werte mit Konfliktpotenzial

Gemeinsame Werte

Vorgehen auf der Werteebene

Sachebene

EIGENE INTERESSEN	MÖGLICHE INTERESSEN DES VERHANDLUNGSPARTNERS
Interessen Dritter	Interessen Dritter
Interessen der Entscheidungsträger	Interessen der Entscheidungsträger

Gemeinsame Interessen

Interessen mit Konfliktpotenzial

MÖGLICHE KREATIVITÄTSFRAGE

MÖGLICHE OPTIONEN

EIGENE KRITERIEN	MÖGLICHE KRITERIEN DES VERHANDLUNGSPARTNERS
BATNA 1 – 2 – 3 – 4 – 5 – 6 – 7 – 8 – 9 – 10	BATNA 1 – 2 – 3 – 4 – 5 – 6 – 7 – 8 – 9 – 10
WATNA 1 – 2 – 3 – 4 – 5 – 6 – 7 – 8 – 9 – 10	WATNA 1 – 2 – 3 – 4 – 5 – 6 – 7 – 8 – 9 – 10

WEITERES
Wie weit will ich heute im Prozess kommen?
Wie setzt sich das Team zusammen?
Wie verteilen wir die Rollen im Team?
Wie fit fühle ich mich für die Verhandlung?
...

Checkliste 2: Notizen während der Verhandlung

Notizen während der Verhandlung

Agenda

ICH / WIR

VERHANDLUNGSPARTNER

WOHER KOMMT DER EINWAND?
Wertekonflikt?

Beziehungskonflikt?

Unterschiedliche Sichtweisen?

Interessenkonflikt?
Eigene Interessen

Interessen Verhandlungspartner
(Entscheidungsprozess?)

KREATIVITÄTSFRAGE

GEMEINSAM ENTWICKELTE OPTIONEN

GEMEINSAM DEFINIERTE KRITERIEN

VORGESCHLAGENE MEHRWERTLÖSUNG

1 – 2 – 3 – 4 – 5 – 6 – 7 – 8 – 9 – 10
(und Vergleich mit BATNA)

WEITERES VORGEHEN / NÄCHSTE SCHRITTE / VEREINBARUNG?
(Zusammenfassung)

Checkliste 3: Verhandlungsnachbereitung

Nachbereitung der Verhandlung

Behandelte Themen

ICH / WIR

VERHANDLUNGSPARTNER

Sachebene

Wurde ein Verhandlungsergebnis erzielt?
– Falls ja, welches? Falls nein, weshalb nicht?

Welche Interessen wurden befriedigt?

Welcher Mehrwert konnte geschaffen werden?

Beurteilung des Verhandlungsergebnisses
1 – 2 – 3 – 4 – 5 – 6 – 7 – 8 – 9 – 10
(Vergleich mit BATNA / WATNA)

Beziehungsebene

Wahrnehmung der Beziehung nach der Verhandlung
1 – 2 – 3 – 4 – 5 – 6 – 7 – 8 – 9 – 10
(Gab es Konflikte und falls ja, welche?)

Werteebene

Welche Werte beeinflussten die Verhandlungen?

Welche Erkenntnisse ergibt die Wertereflexion?

Fazit

Gesamtzufriedenheit mit der Verhandlung	Gesamtzufriedenheit des Verhandlungspartners
1 – 2 – 3 – 4 – 5 – 6 – 7 – 8 – 9 – 10	1 – 2 – 3 – 4 – 5 – 6 – 7 – 8 – 9 – 10

Was ist besonders gut gelungen?

Was könnte in der nächsten Verhandlung besser gemacht werden?

Welche zusätzlichen Erkenntnisse ergaben sich im Debriefing?

Anmerkungen

1 https://www.nzz.ch/gesellschaft/mario-corti-20-jahre-grounding-der-swissair-ld.1648030 (Zugriff am 03.03.2025)

2 Die Prinzipien des in Harvard entwickelten – und später unter dem Schlagwort «Harvard Konzept» bekannt gewordenen – Verhandlungsansatzes wurden 1981 von Roger Fisher, William Ury, in der zweiten Auflage gemeinsam mit Co-Autor Bruce Patton, im Buch *Getting to Yes: Negotiating Agreement Without Giving In* (*Das Harvard Konzept,* 1984) formuliert.

3 Iklé 1964: 2

4 Voeth und Herbst 2015: 5. Für einen Überblick über verschiedene Definitionen und Zugänge zum Begriff «Verhandlung» siehe Voeth und Herbst 2009: 4

5 Behrmann 2013: 10–11

6 Behrmann 2013: 10

7 Alter 2015: 41

8 Atteslander-Dürrenmatt 2006: 24

9 Rosner und Winheller 2012: 155

10 Gulliver 1979: 35

11 Rosner und Winheller 2016: 403

12 Das Orangengleichnis taucht 1981 in einer modifizierten Variante im Buch zum Harvard-Konzept auf (vgl. Fisher et al. 2004: 92) und dient seither in zahlreichen Handbüchern und Ratgebern als klassisches Beispiel für Win-Win-Situationen.

13 Die Ugli ist eine grapefruitähnliche Zitrusfrucht, die auf Jamaica durch natürliche Hybridisierung einer Mandarine oder Orange mit einer Grapefruit entstanden ist.

14 Die Begriffe «Pareto Optimum» oder «Pareto-Effizienz» gehen auf den italienischen Ingenieur, Ökonomen und Soziologen Vilfredo F. Pareto (1848–1923) zurück. Sie beschreiben einen Zustand, in dem es nicht möglich ist, eine Zieleigenschaft zu verbessern, ohne zugleich eine andere verschlechtern zu müssen. Eine frühe Erwähnung des Begriffs «Pareto» im Verhandlungskontext findet sich bei Howard Raiffa in «The Art and Science of Negotiation» (1985, S. 139): «The efficiency frontier – sometimes called the Pareto Optimal Frontier, after the economist Vilfredo Pareto – is defined as the locus of achievable joint evaluations from which no joint gains are possible».

15 Sommer 2012: 85

16 Eine kurze Einordnung von Mary Parker Follett finden Sie auf https://www.britannica.com/biography/Mary-Parker-Follett; vgl. auch Elisabeth Sechser: https://www.sichtart.at/mary-follett/ (beide abgerufen 27.01.2024).

17 Follett 1930: 163; wo nicht anders vermerkt, Übersetzung durch Michael Bullinger.

18 «Constructive Conflict» basiert auf einem Vortrag unter dem Titel «The Psychological Foundations: Constructive Conflict», den Mary Parker Follett 1925 anlässlich einer *Bureau of Personnel Administration Conference* in New York hielt. Der damalige Direktor des Bureau, Henry Metcalf, publizierte den Vortrag 1926 im Sammelband *Scientific Foundations of Business Administration* (Follett, Mary Parker. 2003).

19 Follett 1930: 301

20 Follett 2003 [1926]: 3

21 Follett 2003 [1926]: 10

22 Follett 2003 [1926]: 3

23 Fisher et al.: 1991: 40; 2004: 71

24 Fisher et al.: 2004: 71

25 Sowohl Jane Mansbridge (1998: xxiii–xxiv) als auch Birgit Althans (2007: 224–225 und 228) betonen, dass Mary Parker Folletts Ideen zum Thema Integration massgeblich in das Buch zum Harvard-Konzept (Fisher/Ury 1981) eingeflossen seien, dass Mary Parker Folletts Beitrag jedoch im Buch nicht entsprechend ausgewiesen und gewürdigt wurde.

26 Das Harvard Negotiation Project gehört heute zum 1983 gegründeten Program on Negotiation (PON), das von einem Konsortium aus drei in Massachusetts angesiedelten Universitäten geführt wird: Harvard-University, Massachusetts Institute of Technology (MIT) und Tufts University. Für weitere Informationen siehe: https://www.pon.harvard.edu (Zugriff am 20.03.2025).

27 Fisher et al. 2004: 36 In den englischen Originalversionen wird abwechslungsweise von four *principles, propositions, elements* und *basic points* gesprochen. In der Literatur über das sachgerechte Verhandeln nach dem Harvard-Konzept tauchen im Weiteren Begriffe wie «maxims», «methods» und «golden rules» auf.

28 Fisher et al. 2004: 43 ff.

29 Fisher et al. 2004: 88. Diese Maxime geht auf das sprichwörtlich gewordene Motto «Fortiter in re, suaviter in modo» zurück, das auf dem Diktum beruht: «Fortes in fine assequendo et suaves in modo assequendi simus.» («Stark wollen wir sein in der Erreichung des Ziels und milde in der Weise, es zu erreichen» in der Fassung des Jesuitengenerals Claudius Aquaviva [1543–1615] von 1606.) Vgl. Büchmann 1879: 318.

30 Fisher et al. 2004: 70 ff.

31 Fisher et al. 2004: 91 ff.

32 Fisher et al. 2004: 104 ff.

33 Fisher et al. 2004: 122 ff.

34 Fisher et al. 2004: 143 ff.

35 Rosner und Winheller 2016: 201. Das Konzept der BATNA scheint auf die Autoren von *Getting to Yes* zurückzugehen. Der Begriff der BATNA, 1981 in *Getting to Yes* popularisiert, wird in der deutschen Übersetzung mit «Beste Alternative zur Verhandlungsübereinkunft» oder kurz «Beste Alternative» übersetzt. Das Gegenteil der BATNA ist die WATNA (Worst Alternative to Negotiated Agreement). Ob das Akronym ebenfalls auf die Autoren Fisher et al. zurückgeht, ist unklar.

36 Fisher et al. 2004: 143

37 Fisher et al. 1991: 86 ff.; 2013: 255 ff.

38 Fisher et al. 2004: 26

39 Menkel-Meadow 2006: 492
40 Provis 1996: 310
41 Druckman et al. 1977: 109
42 Zu den verschiedenen Kritikansätzen siehe Funken 2003. Für eingehende kritische Rezensionen von *Getting to Yes* siehe White 1984 und Menkel-Meadow 2006.
43 Siehe etwa White 1984: 117 und McCarthy 1985: 65 resp. Fisher et al. 2004: 123
44 Fisher et al. 2004: 240–254
45 Raymond Saner stellt fest, dass das Verhalten der verhandelnden Personen mit fortschreitender Verhandlungsdauer und unter Verhandlungsstress zunehmend emotional wird und sich damit schrittweise vom «Idealbild eines vollständig rationalen und effektiven Unterhändlers» (Saner 2008: 36) entfernt. Saner ordnet seinem Vier-Phasen-Modell deshalb Gefühlslagen zu, die im Laufe einer Verhandlung auftreten können, und schlägt ein Set von Maßnahmen vor, mit denen Verhandelnde diesen oft auch negativen Emotionen begegnen können (Saner 2008: 242).
46 «Negotiation: Define Your Goal. No agreement, or reach an agreement that: Satisfies *Interests:* ours, well; theirs, acceptably – enough to be durable; others, tolerably – enough to be durable».
47 Einen Überblick zu den verschiedenen Theorien und Auffassungen zu Integrität bieten Cox, La Caze, Levine 2021.
48 Die Goldene Regel (golden rule) – bei uns in Gestalt des Sprichworts «Was du nicht willst, dass man dir tu, das füg auch keinem andern zu» – bezeichnet einen alten und verbreiteten Grundsatz der praktischen Ethik, der auf der Reziprozität menschlichen Handelns beruht.
49 Das Zürcher Verhandlungsmodell verwendet den Begriff *Appreciative Negotiating®*, um die dem Modell zugrunde liegende Grundhaltung, mit der man auch in komplexen und schwierigen Verhandlungssituationen eine wertschätzende Kommunikation führen kann, zu beschreiben.
50 Ropers 2002: 11.
51 Vgl. bspw. Christopher W. Moore's *Circle of Conflict and Opportunities for Collaboration* (1986: 60–61).
52 Im Harvard-Konzept wird die gerechte Verteilung der verhandelten Sache über das Prinzip «legitimacy» sichergestellt. Dies betrifft jedoch nicht die Fairness als Grundwert des gesamten Verhandlungsprozesses.
53 Pervin 2003: 447
54 Vgl. in diesem Zusammenhang etwa die Studie von Allemand et al. von 2013, in der zwischen relativ stabilen Persönlichkeitsmerkmalen (personality traits) und variablen (personality states) unterschieden wird. Die Persönlichkeitszustände weisen den Autoren zufolge als Reaktion auf innere und äußere Faktoren über kurze Zeiträume ein hohes Maß an Variabilität auf.
55 Für eine begriffsdefinitorische Unterscheidung zwischen Sach- und Beziehungsebene siehe Rosner und Winheller (2016: 214): «Der Begriff ‹Sachebene› bezeichnet die Verhandlungsinhalte, über die sich die Parteien verständigen müssen, um gemeinsam eine akzeptable Lösung zu erarbeiten. Der Begriff ‹Beziehungsebene› hingegen umfasst sämtliche Aspekte der persönlichen Beziehung, die zwischen den Verhandlungspartnern besteht.»
56 Follett 2003 (1926): 4. «Integration involves invention, and the clever thing is to recognize this, and not to let one's thinking stay within the boundaries of two alternatives which are mutually exclusive.»
57 «Macht bedeutet jede Chance, innerhalb einer sozialen Beziehung den eigenen Willen auch gegen Widerstreben durchzusetzen, gleichviel worauf diese Chance beruht». Weber 1985 [1922]: 28
58 Scholl 2007: 28–29

59 Da der Begriff «power» im Englischen eine neutrale Bedeutung hat, verwendet Wolfgang Scholl (1999) für «Machtausübung» im Englischen den Begriff «restrictive control» und für Einflussnahme den Begriff «promotive control».

60 Scholl 2007: 29

61 Das Phänomen des Anchoring wurde erstmals 1974 von Amos Tversky und Daniel Kahneman beschrieben (Tversky und Kahneman 1974: 1128). Beim von Tversky und Kahneman identifizierten Ankereffekt handelt es sich um eine Form der kognitiven Verzerrung, die dazu führt, dass Menschen sich bei (Ein-)Schätzungen von einem bestimmten Anfangswert (Anker) leiten lassen, der die finale Urteilsbildung in Richtung dieses Ankers verzerrt.

62 Wenn es auch wichtig ist, die Grundlagen des Ankereffekts zu kennen, sind Tipps wie «Ankern Sie richtig und planen Sie Ihre Konzessionen» (Weh 2020: 19) aus der Sicht des Zürcher Verhandlungsmodells weder hilfreich noch zielführend.

63 Der Begriff des aktiven Zuhörens geht auf die amerikanischen Psychologen Carl Rogers (1902–1987) und Richard Farson (1926–2017) zurück. Im 1957 im Band *Communication in Business Today* erschienenen Artikel «Active Listening» beschreiben sie das aktive, empathische Zuhören als wirksamste Methode, Veränderungen im Menschen herbeizuführen.

Literatur

Allemand, Mathias; Steiger, Andrea E.; Hill, Patrick L. 2013. Stability of Personality Traits in Adulthood – Mechanisms and Implications. In: GeroPsych, 26/1, 5–13.
Alter, Urs. 2015. Verhandeln als Kommunikationskompetenz: Grundlagen für erfolgreiches Verhandeln in Führung, Betrieb und Alltag. Wiesbaden: Springer.
Althans, Birgit. 2007. Das maskierte Begehren: Frauen zwischen Sozialarbeit und Management. Frankfurt am Main: Campus Verlag.
Atteslander-Dürrenmatt, Agnes H. 2006. Der Prozessvergleich im internationalen Verhältnis: Unter besonderer Berücksichtigung anerkennungs- und vollstreckungsrechtlicher Fragen im grenzüberschreitenden Rechtsverkehr in der Schweiz. Tübingen: Mohr Siebeck.
Behrmann, Marco. 2013. Verhandeln und überzeugen. Göttingen: Hogrefe Verlag.
Büchmann, Georg. 1879. Geflügelte Worte: Der Citatenschatz des Deutschen Volks. (11. umgearbeitete und vermehrte Auflage) Berlin: Haude- und Spenersche Buchhandlung.
Cox, Damian; Marguerite, La Caze; Levine, Michael. 2021. Integrity. https://plato.stanford.edu/entries/integrity/ (Zugriff am 25.12.2024)
Druckman, Daniel; Rozelle, Richard; Zechmeister, Kathleen. 1977. Conflict of Interests and Value Dissensus: Two Perspectives. In: Daniel Druckman (Hrsg.), Negotiations: Social-Psychological Perspectives. London: Sage Publications, 105–131.
Fisher, Roger; Shapiro, Daniel. 2005. Beyond Reason: Using Emotions as You Negotiate. New York: Penguin.
Fisher, Roger; Ury, William; Patton, Bruce. 1991 [1981]. Getting to Yes: Negotiating Agreement Without Giving In. New York: Houghton Mifflin Company.
Fisher, Roger; Ury, William; Patton, Bruce. 2004 [1984]. Das Harvard-Konzept. Der Klassiker der Verhandlungstechnik. Frankfurt am Main: Campus.
Fisher, Roger; Ury, William; Patton, Bruce. 2013 [1984]. Das Harvard-Konzept. Der Klassiker der Verhandlungstechnik. (überarbeitete und aktualisierte Neuausgabe) Frankfurt am Main: Campus.
Follett, Mary Parker. 1930. Creative Experience. New York: Longmans, Green and Co.
Follett, Mary Parker. 2003. Constructive Conflict. In: Henry C. Metcalf und L. Urwick (Hrsg.), Dynamic Administration: The Collected Papers of Mary Parker Follett. New York: Harper, 30–49. [Nachdruck aus: Henry C. Metcalf (Hrsg.), 1926. Scientific Foundations of Business Administration. Baltimore: The Williams and Wilkins Company].

Funken, Katja. 2003. The Pros and Cons of Getting to Yes: Shortcomings and Limitations of Principled Bargaining in Negotiation and Mediation. Master-Thesis LL.M. (Dispute Management Law) an der University of Queensland, Brisbane.

Gulliver, Philippe H. 1979. Disputes and Negotiation: A Cross-Cultural Perspective. San Diego: Academic Press.

House, Robert J. 1975. The Ugli Orange Exercise. In: Douglas T. Hall, Donald D. Bowen, Roy J. Lewicki und Francine S. Hall (Hrsg.), Experiences in Management and Organizational Behavior. Chicago: St. Clair Press.

Iklé, Fred Charles. 1964. How Nations Negotate. New York: Praeger.

Mansbridge, Jane. 1998. Mary Parker Follet: Feminist and Negotiator – a foreword. In: Mary Parker Follett, The New State: Group Organization the Solution of Popular Government. University Park: The Pennsylvania State University Press, xvii–xxviii.

McCarthy, William. 1985. The Role of Power and Principle in Getting to YES. In: Negotiation Journal 1/1 (Januar 1985), 59–66.

Menkel-Meadow, Carrie. 2006. Why Hasn't the World Gotten to Yes? An Appreciation and Some Reflections. In: Negotiation Journal 4/4 (Oktober 2006), 485–503.

Moore, Christopher W. 1986. The Mediation Process: Practical Strategies for Resolving. San Francisco: Jossey-Bass.

Pervin, Lawrence A. 2003. The Science of Personality. (Zweite Auflage) Oxford: Oxford University Press.

Provis, Chris. 1996. Interests vs. Positions: A Critique of the Distinction. In: Negotiation Journal, 12/4 (Oktober 1996), 305–323.

Raiffa, Howard. 1985. The Art and Science of Negotiation. Cambridge/London: Harvard University Press.

Rogers, Carl R.; Farson, Richard E. 1987 [1957]. Active Listening. In: Ruth G. Newman, Marie. A. Danziger and Mark Cohen (Hrsg.), Communication in Business Today. Washington, D.C.: Heath and Company, 589–598.

Ropers, Norbert. 2002. Friedensentwicklung, Krisenprävention und Konfliktbearbeitung Technische Zusammenarbeit im Kontext von Krisen, Konflikten und Katastrophen. Eschborn: Deutsche Gesellschaft für Technische Zusammenarbeit Eschborn.

Rosner, Siegfried; Winheller, Andreas. 2012. Mediation und Verhandlungsführung. Theorie und Praxis des wertschöpfenden Verhandelns – nicht nur in Konflikten. München: Rainer Hampp Verlag.

Rosner, Siegfried; Winheller, Andreas. 2016. Gelingende Kommunikation – revisited. Ein Leitfaden für partnerorientierte Gesprächsführung, professionelle Verhandlungsführung und lösungsfokussierte Konfliktbearbeitung. München: Rainer Hampp Verlag.

Saner, Raymond. 2008 [1997]. Verhandlungstechnik: Strategie, Taktik, Verhalten, Motivation, Delegationsführung. Bern: Haupt Verlag.

Scholl, Wolfgang. 1999. Scholl, Wolfgang. Restrictive Control and Information Pathologies in Organizations. In: Journal of Social Issues 55/1, 101–118.

Scholl, Wolfgang. 2007. Das Janus-Gesicht der Macht: Persönliche und gesellschaftliche Konsequenzen Rücksicht nehmender versus rücksichtsloser Einwirkung auf andere. In: Bernd Simon (Hrsg.), Macht: Zwischen aktiver Gestaltung und Missbrauch. Göttingen: Hogrefe Verlag.

Sommer, Friedrich. 2012. Marktpreisprognose in kontrollierten Auktionen: Relevanz, Durchführung und empirischer Verfahrensvergleich. Wiesbaden: Springer Gabler.

Tversky, Amos; Kahneman, Daniel. 1974. Judgment under Uncertainty: Heuristics and Biases. In: Science 185/4157 (September 1974), 1124–1131.

Voeth, Markus; Herbst, Uta. 2009. Verhandlungsmanagement: Planung, Steuerung und Analyse. Stuttgart: Schäffer-Poeschel.

Voeth, Markus; Herbst, Uta. 2015. Preisverhandlungen. In: Klaus Backhaus und Markus Voeth (Hg.), Handbuch Business-to-Business-Marketing: Grundlagen, Geschäftsmodelle, Instrumente des Industriegütermarketing. Wiesbaden: Springer Gabler, 543–556.

Walton, Richard. E; McKersie, Robert B. (1965): A Behavioral Theory of Labor Negotiations. An Analysis of a Social Interaction System. Ithaca: Cornell University Press.

Weber, Max, 1985 [1922]. Wirtschaft und Gesellschaft – Grundriss der verstehenden Soziologie. Tübingen: Mohr Verlag.

Weh, Florian. 2020. Verhandlungsflow: Wie Sie anspruchsvolle Verhandlungen mit Leichtigkeit zum Ziel führen. Frankfurt am Main: Campus Verlag.

White, James J. The Pros and Cons of Getting to Yes. 1984. In: Journal of Legal Education 34, 115-24.

Stichwortverzeichnis

Der Autor

Michael Bullinger ist Gründer des Bullinger Instituts für Verhandlungsprozesse in Zürich und zählt zu den profiliertesten Experten für professionelle Verhandlungsführung. Mit seiner jahrzehntelangen Erfahrung als Verhandlungstrainer, Mediator und Coach begleitet er Unternehmen verschiedenster Branchen im internationalen Umfeld. In dieser Funktion schulte er mehrere Tausend Verhandlungsprofis und moderierte zahlreiche anspruchsvolle Konfliktsituationen.

Verhandlungen sind erfolgreich, wenn sie für beide Seiten Mehrwertlösungen erwirken. Die Grundlage dafür ist ein wertebasierter, konstruktiver Umgang mit dem Gegenüber – auch und gerade dann, wenn die Fronten verhärtet sind. Aus dieser Überzeugung heraus entwickelte Michael Bullinger 2013 das *Zürcher Verhandlungsmodell®*, eine praxisnahe Methodik, die neue Perspektiven eröffnet, tragfähige Lösungen ermöglicht und dazu befähigt, eine kooperative Verhandlungs- und Kommunikationskultur mitzugestalten.

Zürcher Verhandlungsmodell®

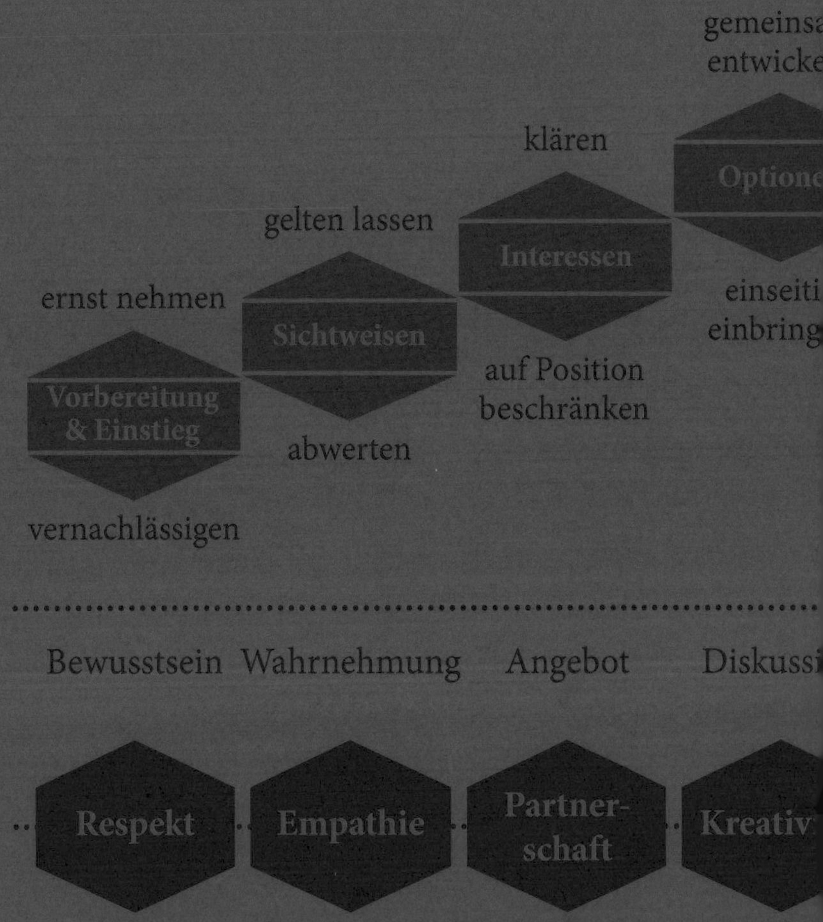